하나씩 내려 놓으며 산다

- 채미자 산문집 -

몽트

하나씩 내려 놓으며 산다

- 채미자 산문집 -

나의 고향 칠갑산

계절마다 풍성하여 보물창고같은 칠갑산자락 오얏골
부모형제와의 정이 모락모락 피어나는 곳
오얏꽃에 파묻혀 지붕만 보이는 나의 집이 있어요
동구 밖에 나이테만큼이나 흔적이 무성한 묵은 팽나무엔
자식 기다리는 어머니 시선이 주렁주렁 걸려있어요
품 떠나며 못내 아쉬워 뒤돌아보다
돌부리에 걸려 넘어지는 나의 발걸음도 걸려있어요

PART1 꿈꾸는 시간속에서

PART2 멈추지 않는 바람의 시간

PART3 바람의 길은 위로의 길

PART4 흐르는 시간의 기억속으로

PART5 하나씩 내려놓으면 산다

시

PART 1

꿈꾸는 시간속에서

꿈나무엔 형형색색의 달콤한 꿈들이 수없이 열려있다. 높을수록 크고 탐스러운 꿈들, 맘에 드는 꿈을 따고 싶었다. 미끄러지기를 반복하면서도 '오르고 또 오르면 못 오를 리 없다.'라며 기어코 맘에 드는 꿈을 따고야 마는 사람이 있는가하면 도중하차 하는 사람, 나무를 부둥켜안고 조심조심 올라 무난하게 꿈을 따는 사람도 있다.

1

겨울산 타기

귀가 따갑다. 마스크하고 모자를 귀까지 푹 뒤집어썼다. 뜨거운 물을 넣은 보온병과 산성부터 눈얼음 등산로인지라 아이젠을 배낭에 넣었다. 문수산 정상까지의 거리는 1.5km쯤 되고, 왕복 1시간 30분정도 소요된다지만 나는 아마 2시간은 걸리지 싶다. 수목장에서 양손에 스틱을 짚고 등산로로 진입했다. 네 발로 걷는 야생동물이 상상된다.

산을 타노라면 넓은 가슴에 안긴 것처럼 마음이 편안하다. 특히 겨울산 타기는 아무리 추워도 알맞게 시원하다. 늘 겪는 일이지만 진입로부터 누가 짓누르는 것처럼 몸이 무겁다. 과연 이대로 정상까지 갈 수 있을까 걱정되다가도 오르다보면 몸이 풀려서인지 좀 가벼워진다. 그 만큼 자신감도 생긴다. 세상을 사는 이치도 이와 크게 다르지 않을 거란 생각도 든다.

수목장에서 오르는 첫 봉우리까지는 300m쯤 된다. 자잘한 6번째 봉우리까지 올라서야 정상이다. 완만한 코스를 지나 가파른 언덕에서부터 헐떡거리기 시작한다. 지금까지 첫 봉우리를 오르면서 몇 번씩 쉬었지만 이번에는 쉬지 않으리라. 하지만 다리가 점점 더 아프다. 도저히 못가겠다. 좀 쉬었다 가야지. 아니, 산고의 아픔으로 3개월 만에 배에 초코복근을 만들었다는 어느 여배우를 떠올리며 쉬고 싶은 유혹을 꾹꾹 참는다. 드디어 첫 봉우리에 올라섰다. 와! 그렇게 아팠던 다리가 아이스크림을 깨문 듯이 달콤하고 시원하지 않은가. 힘든 고비를 참아냈다는 성취감은 상상외로 컸다.

첫 봉우리부터 산성이 시작되어 비행장까지 이어졌다. 언제나 이곳에서 바다를 내려다보며 한숨을 돌렸는데, 이번에는 내쳐 걸었다. 활처럼 휘어지는 산책로 같은 코스를 걸으니 조금 피로가 풀린다. 또 오르막길이다. 다리가 아프기 시작했다. 그 초코복근을 생각하며 참았다. 봉우리를 오르내리는 내 몸에 햇빛이 나무그림자 얼룩무늬를 놓아준다.

드디어 헬기장에 도착했다. 쉬지 않고 오르기는 아마도 이번이 처음이지 싶다. 문수산 정상은 봉우리 하나를 더 올라가야겠지만 그곳엔 군부대의 흔적이 흉물스럽게 남아있어서 내가 생각하는 문수산 정상은 헬기장까지다. 쉬면서 올랐을 때보다 훨씬 몸이 가볍다. 더 할 수 없이 찬란한 햇빛이 박수를 보낸다.

대부분의 산이 그렇듯 문수산도 정상에 오르는 등산로는 여러 곳이다. 청룡회관 쪽은 수목장에서 오르는 것보다 10분 정도 빠르지만 우직하게 오르기만 해야 하기 때문에 숨도 더 차고 빨리 지친다. 다른 등산로는 가본 적은 없지만 길 없는 숲을 헤치고 가시등걸에 찔리고 넘어지면서 누군가 맨 처음 길을 내지 않았을까. 그리고 그 길을 따라 오르내리는 발길에 단단히 닦여졌을 것이다. 만약 누군가 또 그렇게 새로운 길을 내고, 그 뒤를 사람들이 따라 오른다면 또 하나의 등산로가 생길 것이다. 우리네 삶 또한 남이 낸 길을 따라 가면서 더욱 그 길을 튼튼하게 넓히는 사람들이 있는가하면 새로운 저만의 길을 개척하는 사람도 있지 않던가.

조금 쉬노라니 땀을 많이 흘려선지 몹시 춥다. 보온병의 물을 컵에 따르니 커피향이 향기롭다. 뜨거운 물을 영하의 기온이 불어준다.

따뜻한 물을 두 컵이나 마시고 하산길로 접어들었다. 오르기 급급해서 미처 보지 못한 전망도 살피며 걷는 발걸음이 마냥 가벼웠다. 군살 한 근은 떨어져나간 기분이 들었다. 산을 거의 내려갔을 쯤 무심코 밟은 돌에 미끄러져 엉덩방아를 찧었다. 발길에 닳고 닳은 돌은 잔 것일지라도 밟으면 미끄러지기 쉽다.

문수산 정상까지 오르느라 에너지를 왕창 소비하고 하산 길엔 다리에 힘이 빠져서 더욱 그렇다. 그래서 산은 오를 때보다 내려올 때가 더 힘들다고, 조심하라고 했다. 우리네 인생살이도 예외는 아니겠지만…

검은 유리창

외딴 집
방이 혼자 있다
어둠이 서산마루 걸려있는 해를 삼켜버리고
꿈틀꿈틀 다가와
집을 통째로 삼켜버렸다

붉은 뱃속
씹히는 집의 뼈마디소리
뚝 뚝

검은 유리창으로 들어온
입김 흔들리는 얼굴들
방목을 조인다
컥! 컥!

깊고 긴
밤이 뱉어낸
햇빛이 유리창으로 들어 와
맥박을 잰다

2

계주우어관繼走偶語館

상상의 집

마냥 푸르른 줄 알았는데 벌써 단풍드는 가을이다. 깊은 회한에 잠긴다. 나 살기 바빠, 아니 철없어 불효한 부모님과 고향생각이 파도처럼 밀려온다. 종가의 구절양장 같은 시집살이 고비를 넘기느라 힘겨울 때마다 밤잠 속에선 문화혜택 없이도 살 수 있는 곳, 그 산골짜기, 그 숲을 거닐었다. 거닐면서 귀여운 동물, 산새들, 풀벌레들과 어울려 얘기하며 산감, 산포도, 산딸기, 으름다래머루, 오디, 더덕, 도라지, 잔대, 나물, 버섯 등을 채취하기도 하고, 용두 내에선 물고기, 참게, 다슬기도 잡으며 나를 나로 인정해주는 부모형제와 고향산천에서 살 거라며 '상상의 집'을 짓곤 했다.

제피너덜(괴암절벽이 있는 병풍 같은 산) 동굴 옆에다 조촐한 집터를 고른 다음 사각형의 기둥에다 대들보를 얹을 기둥까지 여섯을 세웠다. 그리고 회초리보다 굵은 나무를 베어다 촘촘히 엮은 발을 기둥에 이어 붙이면서 서까래 만한 나무로 쪽문 달 공간도 만들었다. 대들보와

네 벽을 이어 서까래를 얹고 발을 붙이면 흙집의 골격이 나온다. 짚과 버무린 황토 흙을 지붕과 벽의 발 앞뒤로 메우면 흙집의 형태가 갖춰진다. 그다음 넓죽한 돌을 주워다 구들을 놓고 부엌 만든후 버무려 놓았던 흙으로 방바닥과 부뚜막을 바르면 아궁이에 불 지피는 방이 완성된다. 그리고는 아랫목이 따끈한 방에서 소박한 꿈을 꾸었다. 그렇게 집을 짓고, 또 짓곤 했다.

고령을 앞두고 그곳에다 상상의 집을 짓고, 이 시대에 걸맞는 대가족으로 살아본다.

"큰언니! 혹시 몸살이라도 났어요? 형부들은 식전에 텃밭에 가서 풀 매고 봄채소 다 심었다는데요! 남자 다섯이 일하니까 빨리 하네요."

막내아우가 고요를 재우고 떠들었다. 큰언니가 무리한 거 아니냐고, 요리사가 걱정하더란다. 나는 어제 둘째아우 생일이라고 그의 아들, 며느리, 손자들이 왔다가 늦게 가는 바람에 밤늦게 잤다. 그래서인지 새들이 떠들어도 내쳐 자다 깨어나 뒤척이면서도 일어나지 않았다. 막내는 아침 밥맛이 없어서 나랑 같이 먹으려고 안 먹었다고 했다.

"어제 많이 먹어서 그런지 나도 밥 생각 없어! 점심이나 맛있게 먹지 뭐!"

자식들 다 출가시킨, 의도적으로 연령차를 둔 다섯의 의자매부부가 한솥밥을 먹고 산다. 그들은 내가 고향산천에다 땅을 매입하는데 조금씩 보탰다. 그 땅은 물론 다섯자매 부부의 명의다. 그 곳에서 약초도 심고 가축도 키우면서 자급자족해서 그때그때 살고 남는 것은 가족끼리 상의해 다수결에 따르기로 했다. 그리고 여성이든 남성이든 연배와 상관없이 리더 잘 하고, 지혜롭고, 현명한 사람이 가장이다. 제아무리 현명한 사람도 갈등 없이 살 수는 없지 않은가. 제 손바닥도 잘 친다고 쳐도 어긋난다. 손바닥을 잘 맞추려면 앞뒤 아래위를 잘 보고 쳐야한다.

수시로 다니는 길은 자연 그대로 숲을 넓게 뚫어 아스팔트도로를 확실하게 냈더니 드라이브 하며 바라보는 전망도 장관이다. 그 길 안쪽으로 흙벽돌집 6채를 지었다. 한 채는 식당이면서 헬스장이 있는 건물이다. 그 집에서 식사, 파티, 운동 등의 여가를 보낸다. 그리고 그 이름을 계주우어관繼走偶語館이라고 했다. 그 곳에는 자식들, 친구, 친척들이 찾아와 늘 북적거린다.

지금은 노후에 아내를 잃은 남자 넷이 지내는 계주우어 2관, 남편을 잃은 여자 7명이 지내는 계주우어 3관까지 있다. 3관에 있는 수필작가인 백화당 신씨는 식당에서 수요일마다 수필 강의를 한다. 글쓰기에 관심있는 사람들이 그 지역은 물론이고 천양에서까지 오는 사람도 있다.

1관의 가족들이 한 자리에 둘러앉아 식사하면서 동굴 속에 담가놓은 막걸리를 마신다. 맏이가 "막걸리 맛 기막히다!" 막내 제부도 "지금까지 마신 막걸리 맛과는 비교가 안되네요!" 둘째. 셋째. 넷째 제부도 맞다고 한 목소리로 대답했다. 무엇을 먹든지 이런 맛은 처음이란다. 식사 끝나면 취향대로 헬스하기, 산책하기 텔레비전 보기, 책 읽기, 고스톱치기 등, 외부로 공부하러 다니는 사람도 있다. 다섯 자매부부 중, 한 부부가 여행가자고 하면 우린 가차 없이 출발한다.

외식하자고 해도 그렇다. 가부장시대를 산 우리 자매들, 자식들 다 출가시켰으니 자기 몸 관리하면서 살아야하지 않겠는가. 누구라도 병들어서 앓다가 의형제와 찾아주는 자식들 앞에서 외롭지 않게 떠나면 그만 아니던가. 계주우어관은 이곳에 거주하는 자매 각자의 것이고 다시 입문하는 후배의 것이기도 하지만, 마음이 바뀌어서 독립해도 된다. 어쨌든 노후는 평안해야 하지 않겠는가.

"언니들! 광어회 먹으러가요. 큰형부가 쏜다는데요!" 막내아우가 말하자 셋째 아우가 "가자미 찜이 더 맛있잖아?"라고 했다. 둘째 넷째 아우가 광어회도 먹고 가자미 찜도 먹자고 했다. 다수결로 찬성했다.

밤잠 속에서 그려본 계주우어관의 가족들이다. 삶의 실마리가 풀리지 않고 가슴이 답답할 때 상상의 세계를 넘나들면 숨통이 조금은 트이는 듯하다.

대가족으로 살면서 힘에 부치는 가사노동에 길들여진 주부들, '습관은 쇠도 녹인다.'하지 않던가. 자신도 모르게 골병들어 노년기엔 환자 아닌 여자가 없을 정도다. 게다가 핵가족으로부터 소외되어 오갈 곳도 없어 외로움만 산더미처럼 커지는 노후, 자식들이 그리워도 별고 없기만을 바라며 꿀꺽 참는다. 눈이 어둡고 거동이 불편해도 손수 밥을 지어먹을 수밖에 없다. 싱크대나 용기에 때가 끼어도, 머리카락, 벌레가 목구멍으로 넘어가도 보이지 않으니 삼킬 수 밖에 없는 노인들이 부지기수다. 혼자 남아도 그렇게 살다가 아무도 모르게 눈을 감는 노인도 적지 않다. 나름대로의 방법이 다를 수 있겠지만 자식을 위하는 열정은 한없이 큰 부모들이 아니던가. 자식들 마음인들 편하기만 하겠는가. 곧 닥칠 나도 눈을 질끈 감아버리곤 한다.

국밥 한 그릇 -식당에서

식탁에 놓인 국밥
한 수저 떠먹었다
짜다
육수 달래서 부었다
멀덕국이다
밥을 건져 먹다
밥알이 목구멍에 섰다

당신은 그때
밥알이 수영하는 짠 국밥
밥알을 건져먹다 국물을 후루룩 마시고
꼬장꼬장 일만하셨다
맹물만
벌컥벌컥
빈 배 채우면서…

3

고추장 벌레

식탁에는 늘 사발만한 고추장 항아리가 놓여있다. 외식하고 돌아와서 오이를 고추장에 찍어 먹어야 개운하다. 고추장만 넣고 야채만으로 쌈도 싼다. 우유나 빵 고구마를 먹을 때도 고추장이 생각난다. 따끈한 밥에 고추장만 넣고 비비기도 하고, 돼지불고기나 찌개에도 고추장을 조금씩 넣는다. 그래서 항아리의 고추장이 푹푹 줄어들기 일쑤다.

어머니가 담근 고추장을 너무 많이 먹었다. 그래서 형제들에게 고추장벌레 같다는 소리도 들었다. 결혼하고 시댁어른들, 이웃들이 담근 고추장맛은 옛 맛이 아니었다. 그래서 부득이 고추장을 먹어야할 때만 먹었다. 손수 공들여 담가 보았지만 그 맛이 아니었다. 어쩌다 그 맛을 만나면 담그는 방법을 배워 그대로 해 보았으나 그 맛이 나지 않았다. 멥쌀고추장, 찹쌀고추장, 보리고추장, 심지어 호밀고추장도 담가보았지만 그 맛을 찾을 수 없었다. 마트 고추장을 먹어보면 내가 공들여 담근 고추장 맛이나 별반 다르지 않았다. 그래서 언제부턴가 고추장을 담그지 않고 사먹었다. 하지만 설탕이 얼마나 들어갔는지, 방부제는 안 들어갔는지 걱정이 돼 맘 놓고 먹지 못하고 옛 고추장 맛만 그리워 했다.

보름 전이었다. 내가 고향 주부모임 감사였을 때 회장이었던 성을 만났다. 이런저런 얘기 중에 옛 고추장 맛이 그립다고 했다. 얼마 후 성이 집으로 고추장을 가지고 와 자기가 담근 고추장이 맛있다며 먹어보라고 했다. 하지만 그 맛도 옛 맛이 아니었다. 옛 고추장 맛을 찾아 다시 한 번 도전해보고 싶었다. 그런데 고추장을 담가본지 오래라 가물가물 해서 어떻게 담갔느냐고 물어야 했다.

고추장 담그기는 자신 있는 듯이 대부분 사람들은 찹쌀이나 보리쌀을 빻아다가 엿기름물로 삭혀 달여서 고추장을 담그는데 자기는 좀 다르게 담근다고 했다. 먼저 멥쌀밥에 엿기름 물을 붓고 식혜하듯이 삭히는데 설탕을 부어야 밥이 잘 삭는다고 했다. 그러고는 걸러진 건더기는 버리고 달인 곡물에 소금, 고춧가루, 메줏가루, 고추장용 된장, 물엿을 넣고 버무리면 고추장이 된다고 했다.

성의 고추장 담그는 방식대로 하되 좀 다르게 담가보리라. 고춧가루 7되, 찹쌀 3되 반, 멥쌀 3되 반이면 고춧가루와 비례된다. 쌀을 씻은 다음 절반을 20인용 전기밥솥에 밥을 지었다. 엿기름 한 봉 반을 넣으라는 것을 4봉을 넣었고, 밥을 삭힐 때 설탕은 넣지 않았다. 다 삭은 다음 밥알을 걸러내고 달였다. 그렇게 또 한 솥을 했다. 밥 두 솥에 엿기름 8봉지나 들어간 셈이다. 그리곤 메줏가루, 고추장용 된장, 황 물엿, 소금, 고춧가루를 넣고 버무리며 맛을 보았다.

'와우! 바로 이 맛이다.'

어머니가 담근 그 맛을 이제야 이어받았다. 설탕이 귀한 옛 시절에 엿기름으로만 단맛을 냈던 그 맛이었다. 자그마한 두 항아리에 고추장을 가득 담아 놓았는데 한 항아리는 벌써 절반으로 줄었다. 익지도 않은 고추장을 자랑 겸 인심도 쓰고 계속 퍼 먹었더니 푹 줄었다. 또 다시 고추장벌레가 되어버렸다

그 때 너

징검다리를 건너가고 있다
물속의 햇빛
일렁이는 냇물의 아우성
둥근 돌들이 얼굴을 포개고 있다

개울 건너
마주오던 소녀
물안개 속을 기웃거린다
무언가 찾는 듯
멈칫.
소녀와 마주쳤다
서로 허리잡고
개울물 사이 징검다리 바꿔 섰다
소녀의 긴 머리카락 향기
물 향기. 풋풋하다

소녀가 보이지 않을 때까지 뒤돌아보았다
그때 너를 보듯

4

구천동

덕유산을 타기로 했다. 중복 더위를 식히는 비가 주룩주룩 오는데도 농협주부산악회 회원들은 오전 6시 30분에 관광버스를 탔다. 산행길만 나서면 세속의 시름을 잊고 청순한 소녀로 돌변하는 일행들, 호호 하하 마냥 즐겁다.

전라북도 무주군 무풍면과 설천면 사이에 빼어난 절경으로 이루어진 덕유산은 10번째 국립공원이란다. 전라 무주군과 장수군, 경남 거창군과 담양군, 2도 4군을 아우르고 있는 덕유산, 70리 첩첩산중의 구절양장의 계곡이 구천이라 구천동이란다. 또한 선불공자 9천명이 덕유산에 운둔했다 해서 구천동이란다. 이웃마을 금산에 사는 사내가 3년 후에 돌아온다고 부인과 약속하고 입산했으나 3년이 지나도 남편이 돌아오지 않았다. 부인은 남편을 찾아 그 계곡으로 들어갔고 2년을 헤매고도 남편을 못찾고 돌아올 정도로 첩첩계곡이라 구천동이라고 했다는 설도 있다.

관광차 두 대에 나눠 탄 일행은 지명만 들어도 아득하게 멀고 깊은 구천동을 향해서 소낙비 속을 뚫고 달리기 시작했다. 덥고 칙칙한 일상이 짜증스러워 두드려 패는 소낙비를 맞으며 속 시원히 달리고 싶었는데 마침 잘 됐다싶다. 그러나 오후엔 비가 그쳤으면 좋겠다.

다행히 오후에 비는 그치고 안개만 자욱했다. 우리는 먼저 무주 적상산을 타기로 했다 숲을 끼고 도는 나선형 전경에 더 이상의 수식어는 필요치 않았다. 가슴으로부터 튀어나오는 탄성이 메아리 칠 뿐이었다. 산마루 터널을 지나 정상에 오르자 천야만야 절벽둑으로 이루어진 수심 깊은 호수가 이색적이지 않은가. 이곳은 옛 산성이었는데 지금은 기왓장 조각 등 잔재만 남아있다. 문화유산인 산성을 위해서 터널을 뚫고 암벽을 쌓아 이토록 드넓고 아름다운 호수를 만들었다니. 그 의지가 놀라워 입이 다물어지지 않고 발걸음만 둥둥 떠 다니는 것 같았다. 우리는 호수를 끼고 돌아 하늘 기둥처럼 우뚝 선 전망대 앞에 섰다. 달팽이집에 들어가는 것처럼 스프링 계단으로 올라가서 거꾸로 내려다본 세상은 별천지였다.

일행은 낙하해서 덕유산 나제통문을 지나 구천동으로 들어갔다. 만날 시간을 약속 해놓고. 몇몇 팀으로 흩어졌다. 열한두 명은 길고도 짧은 폭포가 기암괴벽 마디마디로 쏟아지며 물보라 이루는 곳에서 흥청거렸다. 세 명은 계곡물에 손 넣고 흥덩흥덩 하다가 아예 신을 벗고 들어가 첨벙거리기도 했다. 바위 사이로 물소리가 왁자지껄. 웅덩이로 떨어지며 피어오르는 물보라가 발등을 타고 올라와 허벅지까지 걷어 올린 바지를 적셨다. 아예 풍덩 빠지고 싶은 충동을 참았다.

우리들의 노랫소리, 새소리, 풀벌레소리, 숲을 흔드는 메아리와 함께 어우러져 내는 환상적인 화음和音, 그건 천상의 노래 같았다. 마냥 흥청거리고 싶었는데 그 흥분이 진정되기도 전에 아쉬움만 남겨놓고 관광버스에 올라 귀가했다.

동양화 개인전에 가다

구름그늘 시원한 오후다
나지막한 산들이 둘러앉은 고향 같은 마을
신미술관에서 개인전을 한다
예술인 주민들이 참석했다
모자를 삐뚤어지게 꾹 눌러 쓴 턱수염의 얼굴
잡히는 대로 신은 짝 양말의 발
한쪽 바짓가랑이만 걷어 올린 다리
막 작업실에서 나온 듯 옷소매 걷어 부친 여류화가
분야별 차림새도 작품이다
잔디밭에 차려진 성찬은 끈끈한 수다의 안주
합창단장의 잔잔한 앙코르송이
먼 고향 길 재 넘어가고
갈매기 세 마리 논두렁을 넘는데
구름자락을 걷고 쳐다보는 해
고향땅 서산마루로 진다

5

궁색한 변명

애착이 가는 사슴 한 마리가 있다. 나만 보면 앉아 있다가도 밥통 앞으로 와서 머리를 내미는 엘크(소같이 큰 사슴)다. 목덜미를 쓸어주면 큰 눈을 껌뻑거리며 목을 늘여 돌려댄다. 남편은 순해보여도 야생동물이라 언제 어떻게 공격할지 모르니 조심하라고 하지만 나는 그 사슴을 만나면 쓰다듬어주곤 한다.

가끔 대장인 듯싶은 사슴이 잠근 문고리를 올려 옆으로 밀고 문을 연 다음 무리들을 이끌고 밖으로 우르르 나가는 일이 종종 있었다. 이중 철망인지라 산으로 뛰어가진 못했다. 그 후 문고리도 이중 잠금장치를 했다. 또한 단체로부터 따돌림 받는 사슴은 분리해 놓아야 산다.

사슴뿔은 새싹이 돋아 날 때 뿔 딱지가 떨어지면서 새싹처럼 새 뿔이 볼그레하게 돋아난다. 그 뿔이 자라면서 사슴의 자존감도 자라는 듯 하다. 뿔이 자라는 동안에는 서로 싸움도 하지 않는다. 뿔이 왕관처럼 자라면 미스코리아처럼 왕관이 벗어질세라 우아하게 걷는 사슴. 좁은 문을 통과할라치면 뿔 한쪽 끝을 넣고 나사를 돌리듯이 조심조심 돌려 뿔 한쪽이 빠져나가면 남은 한쪽도 그렇게 해서 머리까지 나간 다음 몸이 나간다. 그 뿔이 자란 지 3개월이 지나면 딱딱해진다. 가을부터 겨울동안 발정기라 그 뿔로 적이나 라이벌과 싸우기도 한다. 그래서 돌, 아니 쇳덩이같이 강한 사슴의 뿔은 기상이자 무기다.

그러나 우리는 어쩔 수 없이 뿔이 3개월 자라면 자를 수밖에 없다. 뿔이 잘린 사슴은 낙심한 채 밥도 먹지 않고 구석진 곳에 처박혀 있다. 그래서 나는 그 모습을 되도록 보지 않는다. 그래도 뿔에서 나오는 액은 마신다. 딸은 한사코 마시기를 거부한다.

"엄마는 사슴을 그렇게 예뻐하면서 뿔을… 끔찍하게 피를 마셔요?"

"쉬! 생각하기 나름 아닐까… 너도 야채의 액을 여전히 먹고 있지 않니!

사람도 편히 먹고 살려면 뼈가 노골거리도록 일을 해야 하고, 남자는 목숨 걸고 군복무에 충실해야 하고, 여자는 목숨 걸고 아기를 낳아야 제 할 일을 다 했다고 하듯이 사슴도 누가 그냥 먹여주느냐고. 수사슴은 뿔을, 암사슴은 새끼를 낳아주어야 먹여 살리지 않겠느냐며 궁색한 변명을 한다.

깜짝 이벤트

무거운 발짝
길바닥을 치듯이 걷는다
무엇 하나 멈춰 선 것은 없다
바람은 돌멩이를
돌멩이는 바람을 찢고 간다

해를 등지고 걸었다
누군가 뒤에서 부르는 것 같아
뒤돌아보았다

와!
에베레스트 정상이다
산허리는 흰 구름에 덮였고
하늘을 뚫을 듯한 산봉우리에 앉은 해
눈부셨다
와! 와! 와!…

꿈틀 움직이는 산봉우리
구름 산이었다
발걸음이 한결 가벼워졌다

6

까치

까치들이 날아와 마당가 소나무 가지에 앉았다.

" 깍깍, 까악 깍,"

정겹고 경쾌하게 떠들어 댄다. 얼핏 들으면 같은 소리 같지만 새겨 들으면 음조音調와 박자, 어감이 조금씩 다르다. 저들끼리의 의사소통하는 걸까. 저 혼자 떠들어대는 소린 독백일까. 부르는 걸까, 알리는 걸까. 어쨌든 그들이 나타나면 시끌벅적 외딴 집을 누르는 정막을 깬다.

옛 어른들은, 이웃에 사는 까치가 아침에 찾아와 문밖 나뭇가지에 앉아 깍깍거리면 반가운 소식 전하러 왔다며 그 누가 온 것보다도 반가워했다. 그래서 유실수 꼭대기에 있는 과일 몇 개는 까치의 몫으로 남겨놓는 등 까치와 더불어 살면서 배려한 흔적이 많다. 우리 설과 까치설, 까치밤나무와 우리밤나무, 까치나물과 우리나물 등등 조상님들의 지혜로움이 놀랍지 않은가. 나는 까치 몫의 과일을 바라보며 군침 삼킨 적도 한두 번이 아니다. 그런 까치소리는 이웃사촌의 소리이고 고향의 소리가 아니던가.

사슴 사료를 먹는 까치를 향해 그이는 마치 총을 겨눴다. 사료 값이 치솟아 수지타산이 맞지 않고 까치들이 먹어치우는 사료도 수월찮단다. 나는 한사코 말렸다. 예전에는 해충이나 풀씨 먹는 익조였는데 근래는 해조로 변했다. 농부들이 곡식이나 과일을 먹기 위해 농약을 뿌려 벌레를 모두 없애버렸기 때문에 곡식을 먹을 수밖에 없는 까치를 이해해야 한다고 했다. 그렇다고 까치보고 죽으라고 할 순 없지 않느냐고, 작은 입에 먹으면 얼마나 먹겠느냐며. 애완동물을 몸 바쳐서 키우는 사람도 있는데 애완 조류려니 생각하고 같이 먹고 살자고 했다.

나에겐 애완 조류라기보다 친구다. 도심에서 살 때는 서로 왕래는 없어도 이웃에 누가 산다는 것만으로도 위안이 되었다. 산속의 외딴집에 살다보니 혼자 외톨이가 된 기분도 들었다. 마음은 늘 살던 곳으로 간다. 누구누구의 어머니들, 마트아줌마, 무뚝뚝한 아저씨, 엘리베이터 같이 타고 오르내리던 낯익은 얼굴들, 골목길, 모퉁이 모두 그립다. 사람은 역시 모여 살아야 하는가 보다. 그러나 이젠 체념할 수밖에 없지 않은가. 깊은 뜻이 있는 것처럼 침묵하고 있는 산, 나무들, 동물, 새, 풀벌레, 꽃 등 상대가 무엇이든 정들여야 했다. 그것들과 대화하면서 질문도 한다.

까치는 나뭇가지에 앉아도 할아버지 까치는 상지上枝에, 아비까치는 중지中枝에, 자식까치는 말지末枝에 앉는다는 삼지례三枝禮가 있단다. 사람 사는 것과 같지 않은가. 나 어릴 적에도 부모 앞에서 자식이 무릎 꿇고 머리를 조아려야 했다. 요즘은 그 삼지의 예를 뒤집어 사는 듯하다. 하지만 나는 굳이 그 예에 구속 받기는 싫다. 위아래로 오르내리며 때로는 할아버지와 아버지, 그리고 자식과 붙어 같이 앉아서 혈육의 정을 나누며 사는 신세대 삶이 더 좋다.

8월 중순, 어느 날 새벽이었다. 까치들의 울부짖는 소리에 잠을 깼다. 이들과 말로는 통하지 않아도 행동이나 소리로 상황을 어느 정도 짐작 한다. 이게 웬 일인가! 사슴사육장 안에 까치가 끔찍스럽게 찢기어 있지 않은가. 육중한 엘크(사슴의 품종, 소만한 사슴)가 물고 흔들어 댄 모양이다. 머리맡에서 사료를 쪼아 먹어도 무관심한 듯 싶었는데 저토록 처참하게 당한 이유가 뭘까. 엘크는 제몫의 사료를 당당하게 먹지만, 까치는 가장자리에서 사람눈치, 사슴눈치 살피면서 구걸하듯이 쪼아 먹을 뿐이었는데 무엇 때문에 왜 그랬을까?

새벽까치들의 통곡소리가 산골짝의 잠을 다 깨웠다. 얼마 전에도 무슨 이유인지 까치가 죽었다. 그 때는 대여섯 마리의 까치만이 통곡 했었는데 이번에는 무리라서 귀청이 떨어져 나갈 것 같았다. 혹시 그들의 대장이었을까.

밖에 기척이 나서 내다보았다. 까치 한 마리가 창 너머 아스팔트 바닥에서 서성이고 있었다. 쌀 한줌 주었더니 몇 알 주어먹다 어디론가 날아갔다.

"배고프지 않은 모양인데 괜히 줬나!"

그런데 조금 있다가 한 떼가 날아와 쌀을 쫀다. 크고 작은 차이가 나는 것을 보니 한 가족인듯 싶었다. 쌀 한줌을 더 주었다. 다 주워 먹고 날아갔다. 배설물도 남기지 않았다. 폐 끼치기 싫었음인가.

단출한 핵가족의 삶보다 다복하지 않은가. 일정한 수입이나 비축이 없어도 서로 나눠먹으며 자유롭게 수다 떨며 노래한다. 이웃에 살면서 들락거리며 고향에 향수를 일깨워주는 수다스런 까치, 그 소리 정겨운 나의 친구다.

또 한 마리의 까치가 밖에서 나를 부른다. 깍 까깍…

꼬부랑 할머니

발로 소설을 쓰는 할머니
빽빽한 오금을 툭툭 치며
길섶에
봄빛을 겹겹이 깔고
가랑이를 쩍 벌리고 앉는다

푸르렀던 小時적 페이지를 넘기는 할머니
사내들의 시선을 독차지하는 공주였다고
이야기하며 해맑게 웃는 연지볼이
붉다

지팡이 딛고 일어서는 할머니
굽은 다리
눈
다섯 발로
남은 페이지를 힘겹게 쓰며간다

PART 2

멈추지 않는 바람의 시간

생명이든 사물(事物)이든 공통으로 소리를 지른다. 미세한 떨림이 있는 나무나 풀들도 바람에 찢기거나 부러질 땐 비명을 지른다. 돌들이 부딪혀 구를 때, 부서질 때 내는 소리, 쇠나 나무 등으로 만들어진 물건도 마찬가지다. 그들도 수명을 살면서 속삭이듯 하는 작은 소리를 우리는 듣지 못하는지도 모른다.

7

꿈 따기

꿈나무엔 형형색색의 달콤한 꿈들이 수없이 열려있다. 높을수록 크고 탐스러운 꿈들, 맘에 드는 꿈을 따고 싶었다. 미끄러지기를 반복하면서도 '오르고 또 오르면 못 오를 리 없다.'라며 기어코 맘에 드는 꿈을 따고야 마는 사람이 있는가하면 도중하차 하는 사람, 나무를 부둥켜안고 조심조심 올라 무난하게 꿈을 따는 사람도 있다. 그다지 힘들이지 않고 딴 작은 꿈으로 만족하면서 사는 사람도 있지 않던가.

공직에 있던 남편이 사업을 하다 실패하고 경제가 어려웠다.

'피할 수 없으면 즐겨라.' 란 말이 있지 않던가. 그 형편에 전업주부인 내가 손쉽게 할 수 있는 것은 아무 책이나 꺼내어 읽고 일기처럼 쓰는 거였다. 그래도 나는 작가다 라는 호칭을 적어 눈에 잘 띄는 냉장고 문에 붙여 놓고 여닫을 때마다 마음에 새기면서 읊었다. 그게 내가 누려볼 수 있는 최선책이었는지도 모른다.

어느 날 헌 책방에 갔다가 500원을 주고 책을 한 권 샀다. 제목은 '무가애'였다. 저자는 D대학원장으로 기억한다. 반야심경을 코끼리로 비유하면서 코끼리 한 마리 내장까지 더듬고 이해했다고 여겼으나 어느 한 부분만일 수도 있다며 겸손하게 쓴 책이었다. 가끔 절을 찾는 나를 위한 선물이었다. 그 책을 다 읽을 거라며 식탁에 펴놓고 읽기 시작했다. 어려워서 지루했지만 그래도 읽어야한다며 이해 안 되면 안 되는대로, 되면 되는대로 읽다가 의자에 앉은 채로 잠깐 졸았다. 그 때 펼쳐진 책 페이지에서 안개 같은 구름이 모락모락 피어나 놀라 깨어났다. 정성을 다해 쓴 책은 그 사람의 혼이 깃들어 있다고들 하던데 그런 것일까. 그렇지만 께름직해 책장 깊숙이 쳐 박아두었다. 몇 달 지나 절에 가다 만난 여인이 '기도하는 중 부처님이 앉은 방석 아래 동굴에 맑은 물이 흘러내리면서 안개구름이 피어나 신기했는데 아들이 서울대 전자공학과 수석합격을 했다'는 연락을 받았단다. 나에게도 좋은 일이 있으려나 싶어 책을 다시 꺼내 또 읽었다.

그때가 늦둥이 딸이 초등학교 3학년이었다. 선생님이 엄마랑 같이 통일에 대한 글을 원고지 7매 이상 써 오랬단다. 전교생이냔 물음에 3학년만이란다. 그리곤 바쁜 일이 생겨 딸의 재촉에 대답단하고 잊었다. 마감 날 아침에 밥상머리에서 딸이 울고불고했다. 어쨌든 숙제는 해야지 싶어 아침 밥 먹다 말고 이런저런 내용를 이렇게 저렇게 적으라고 초를 잡아주었다. 두서없이 숙제는 한 셈이다. 며칠 후 학교에서 돌아온 딸이 '엄마 우수상' 하며 상장을 내밀었다. 남편은 소경 문고리 잡았단다.

그 즈음, 나는 스스로 작가라는 호칭대로 마음속 글쓰기를 시작했다. 심성이 고와야 좋은 글을 쓸 수 있다고들 하는데 맘뿐이지 심성 바르게 하기는 쉽지 않다. 어쨌든 잘 쓰진 못 할지라도 수필가로 등단했고, 꾸준히 글을 쓰고 있으니 작가라고 할 수 있지 않은가.

가깝게 보이면서도 먼 꿈나무에 달려있는 꿈 따기는 쉽지 않겠지만 꼭 따고 싶은 정확한 꿈 따기를 간절히 원하며 노력한다면 마침내 꿈을 딸 수 있지 않을까. 얼마나 노력하고 원하느냐의 차이는 있겠지만 '오르고 또 오르면 못 오를 리 없다.'란 말이 맞지 않겠는가.

꽃샘추위

산달이다
벚나무가 몸을 비튼다
진통이 10분 간격으로 좁혀온다
뱃속을 도려내는 것 같다
가느다란 가지가
허공을 움켜쥐며 입술을 깨문다
핏빛이다
땅바닥이 흔들리고 허공이 빙글빙글 돈다
몰아쉬는 숨이 뚝뚝 끊어진다
양수가 터진다
들판에 술렁술렁 아지랑이가 피어오른다
벌어진 가지에서 꽃의 머리가 뾰족 나오고 있다
허리가 끊어지는 것 같다
핏줄 선 몸에
땀이 질펀하게 흐른다
바람이 불때마다 휘어지는 소리가 들린다
온 몸이
갈기갈기 찢어지는 진통
벚꽃이 피어난다
꽃을 다 받아주고 떠나는
구름의 얼굴이 가벼운 연두색이다

8

나의 말을 알아들은 것일까

텃밭에서 상추를 뜯어왔다. 물로 씻으려고 하는데 상추잎 같이 푸른 새끼사마귀 한 마리가 상추 잎을 밟고 서서 어쩔 줄 몰라 한다. 점심 먹으려고 식탁 앞에 앉은 남편이 상추 씻어오기를 기다리고 있는데 나는 잠시 갈등하다가 새끼사마귀 앞에 손바닥을 내밀었다. 새끼사마귀는 기다렸다는 듯이 얼른 손바닥 위로 올라왔다.

대문 밖으로 나가 으름넝쿨 울타리로 가서 으름 잎사귀에 손바닥을 대었다. 새끼사마귀가 이파리 위로 냉큼 올라탔다. 손바닥에 있는 동안 꼼짝도 않더니. 놓아 줄 것을 알아챘던 걸까.

"새끼사마귀야! 건강하게 잘 자라라!"

꽤 넓은 산자락텃밭은 화학약품을 주지 않아 흙은 살아서 꿈틀거리고 새와 곤충들이 햇빛을 나눠먹으며 잘들 살아간다.

그 텃밭에는 밥이 궁했던 어린 시절 즐겨먹던 으름 다래, 머루, 아그배, 돌배 등이 잘 자라고 있다. 이곳에서 구할 수 없는 것은 고향

칠갑산에서 구해다 심었다. 여러해살이 산나물, 들나물, 채마도 심었다. 가난했기에 부모형제간의 정이 더욱 끈끈했던 그때 서로 양보하며 나누어 먹던 열매와 나물들을 텃밭에 심어놓았다. 처음에는 벌레들이 다 먹고 남은 것을 이삭 줍듯이 뜯어 먹었었다.

한 7, 8년 쯤 지나니까 흙도 식물들도 건강해져서 벌레들을 이겨냈다. 요즘은 나물을 인심써가며 먹어도 못다 먹는다. 아낄 필요도 없다. 아끼다가 나물이 쇠니까. 부지런히 뜯고 새순 나오면 또 뜯는다. 약주는 밭에는 씨앗을 따로 뿌려야 뜯어먹을 수 있는 자연산 민들레, 씀바귀 비듬 등이 저절로 돋아난다. 숨 쉬는 흙이 주는 덤이다.

그런데 텃밭에 나물 뜯으러 갈려면 옷소매와 바지 길이가 긴 두꺼운 옷을 입고 들어가야 한다. 모기의 주둥이가 얇은 여름옷을 통과하기 때문이다. 벌레들이 기승을 부리는 한여름엔 나물먹고 싶어도 참을 때가 많다. 모기한테 헌혈하기 싫으니까.

풀꽃이 또 피었다. 봄부터 가을까지 밭에 풀을 다섯 번 뽑아준다. 봄꽃, 여름풀은 덥고 벌레들이 많아서 뽑을 수가 없다. 가을꽃, 그 사이 피는 꽃, 두 번 더해서 꽃이 씨앗 맺을 무렵 풀을 세차례 뽑는다. 그렇게 풀씨를 잡아도 새들의 발에 씨앗이 묻어오고, 배설물에서 나오고, 바람에 날아와 돋아나기 때문에 풀이 많다. 이곳으로 이주한 그때, 텃밭 한쪽 귀퉁이에다 심은 나팔꽃이 흐드러지게 피었다. 이듬해부터 나팔꽃 싹이 나오면 풀처럼 뽑고 뽑아서 씨앗 맺을 겨를이 없었다. 한번 땅에 떨어진 씨앗은 15년이 넘도록 싹이 나온다. 해마다 조금씩 줄어들긴 하지만 지금도 몇 포기씩 나온다. 그러니까 밭에 풀이 많을 수밖에 없다. 농사짓기는 정말 힘들다. 약을 안 치고 농사짓기는 더욱 힘들다. 그러나 곤충도 식물도 건강하게 사는 것이 좋으니까. 고생스러워도 손수 풀을 뽑고 퇴비를 주고 있다.

텃밭에서 풀 뽑는데 풀잎 끝에서 새끼사마귀 한 마리가 떨어지지 않으려고 비틀거리고 있었다. 으름이파리에 놓아준 꼭 그만한 새끼사마귀다. 집과 텃밭 사이 족히 200m쯤 되는데, 으름 잎에 놓아준 새끼사마귀는 아닐 것이고, 시기적으로 사마귀 새끼들이 태어날 때인가. 내 발자국 소리만 들어도 새, 곤충들이 대부분 화들짝 놀라 줄행랑을 치는데 새끼사마귀는 내 앞에서도 여유롭다.

그 후로도 고구마잎, 곤드레나물잎, 고춧잎에서 새끼사마귀를 종종 보았다. 전에는 눈에 잘 띄지 않았는데 나와 연분이 된 후로 자주 띈다. 왜 자꾸 새끼사마귀만 눈에 띄는 걸까? 우연 같은 필연인가.

광활한 우주공간에 개미만한 내가 사마귀들의 세계를 어찌 알겠는가. 그 것들도 거리와 상관없이 서로 소통이 잘 되는지도 모른다. 내가 새끼사마귀를 구해준 소문이 그들 세계에 퍼져서 형제새끼사마귀들이 내 앞에 나타나 재롱부리는 건지도 모른다.

"새끼사마귀야!, 다음에 만날 때는 너희 엄마하고 같이 오렴. 우리, 잘 사귀어보자."

잔디밭 가장자리에 심은 가지를 따러 갔다. 가지를 바구니에 담고 잔디밭에 앉았다. 보라색인 가지가 몸에 좋다는 말을 들어서 어린가지를 한 입 베어 먹고 있었다. 또 새끼사마귀가 잔디사이에 있었다.

"또 만났구나!" 하며 손가락으로 옆에 있는 잔디 풀잎을 흔들었다.

그런데 그때, 어미사마귀가 툭 불거진 눈을 굴리며 보고 있지 않은가. 신기했다. 그냥 해본 소리인데 새끼사마귀가 어미사마귀와 같이 내 앞에 나타난 것이다. 반가웠다.

"새끼사마귀야! 약속을 지켰구나!"

정말 새끼사마귀가 내 말을 알아들은 것일까?

벽을 걸어가는 시계바늘

왔다 갔다
날을 세우고
즉각
재까닥
시간이 수명을 싹둑 짜르네요

바늘이 지나간 자리
풍경들이
즐비하게 쓰러져 있네요
오늘 태어난 오늘도
즉각
재까닥
여지없이 베어 버리네요

뒤돌아보지 마세요
바스락거리는,
조각들의 그림자만
고요 속에
조각조각 떠다니네요

9

내가 낳은 소리의 수명은

생명이나 사물이나 태어난 것들은 공통으로 소리를 지른다. 무생물도 수명이 있기에 생명체가 아닐까 미세한 떨림이 있는 나무나 풀들도 바람에 찢기거나 부러질 땐 비명을 지른다. 돌들이 부딪혀 구를 때, 부서질 때 내는 소리, 쇠나 나무 등으로 만들어진 물건도 마찬가지다. 그들도 수명을 살면서 속삭이듯 하는 작은 소리를 우리는 듣지 못하는지도 모른다. 사람의 소리로 서로 소통할 수 있도록 한 말, 그 비범한 위력으로 희로애락을 거머쥔 활동범위와 수명은 얼마나 될까.

가랑비 바람이 세차게 불던 추석 전날 오후다. 알밤이 떨어졌을 것 같아 집 옆 200여미터거리 쯤에 있는 밤나무 군락으로 갔다. 예상대로 알밤이 땅바닥에 빨갛게 널려 있지 않은가. 그런데 웬 횡재냐고 생각하며 밤을 줍고 있는 머리 위에서 웃음소리가 들려왔다. 이맘때면 밤 줍는 사람들로 빈번한 곳이라 그들의 웃음소리겠지 하고 밤 줍는데 정신이 팔려있었다. 빗줄기가 굵어져 점퍼 모자를 뒤집어 쓰려는데 그 웃음소리가 또 들렸다. 그냥 무시하려다 웃음소리가 들리는 방향을 살며시 보았다. 섬뜩할 정도로 음습한 묘지 셋뿐이었다. 숨소리를 죽였다. 그 묘지를 통과해야 집에 가는데 발이 떨어질 것 같지 않았다. 겨우 용기를 내어 묘지를 지나치려는데 무엇이 발뒤꿈치를 꽉 잡아당기는 것 같았다. 발이 땅바닥에 붙어버렸다. 온몸이 녹아버릴 것만 같은 그 때, 다른 곳의 웃음소리가 빗줄 전파를 타고 왔다고 굳게 믿어지는 것이 아닌가.

웃음 사건이 있고 열흘정도 지났을 때였다. 웃음소리가 또 들려왔다. 좀 멀리 들리기는 했지만 그때의 웃음소리와 똑같았다. 담장 밖을 넘겨다보았다. 예의 묘지에 사람들이 모여서 웅성거리며 더러는 삽질 하고 있었다. 발걸음이 앞서 갔다. 50대 쯤 보이는 여인, 아들이 서울대 수석합격해 조상 산소에 떼를 입힌다며 음식을 차려주는 분위기가 화기애애했다.

그렇다면 추석 전날, 차례 지내려고 모인 동기간들이 조상 덕으로 합격했다며 산소복원 논의 중에 들리던 웃음소리, 그 소리도 기뻐서 빗줄 타고 제 조상을 찾은 것이었을까. 어쨌든 속수무책인 상황에선 불분명할지라도 본능의 잠재력이 스스로를 지키고자 한 치의 의심도 없는 믿음으로 위기를 방어한 것이었을까. 몸뚱이 어느 부분이 무엇으로 딱 맞는 즉시 온 신경이 그곳으로 쏠려 불룩 받아치는 순발력을 볼 수 있듯이 절박하거나 절망 할 때마다 돌파구가 생기지 않던가. 그럴 땐 마치 어떤 무엇의 힘에 의해 살아가는 듯 조상 덕이니, 자기가 믿는 종교 덕이니 하며 자신의 잠재력을 배재해 버린다.

반해 자기 잠재력을 신격화하여 마치 자신이 신인 양 떠들어대는 사람도 있지 않던가. 그래서 항간에 광신도가 생기는 것은 아닐까.

우리의 문화가 발전하면서 해와 달, 나무, 돌 혹은 물 등에 소원을 비는 토속신앙이 사라지고 있다. 더 멀리 가다보면 종교, 그 자체가 희미해질 수도 있지 않을까. 필연으로 생겨나 질서정연한 풀잎, 그 풀잎의 이슬 같은 인연들이 꽉 들어 차 흘러가는 우주공간 생명 하나 하나가 종교일 수 있지 않을까 하는 생각을 해본다.

'생명은 소우주다.'란 말도 있다. 왠지 걸림 없이 천연의 아름다운 소리를 낼 수 있고, 시공간을 초월하여 자유자재 할 수 있는 마음과 위급한 상황에선 상상을 초월하는 힘을 발휘하는 잠재력, 그래서 몸이 아파도 성급하게 의술에 의존하기에 앞서 식이요법 잘하고 건강에 유의하다보면 회복되지 않던가. 우주가 하나의 큰 생명이라면 사람도 아니, 개미도 작은 우주라고 할 수 있지 않겠는가.

덕포진 바닷가 산책을 뒤로하고 돌아오는 길이었다. 바다 쪽에서 아우성이 아득하게 들려왔다. 발걸음을 멈추고 뒤돌아서서 귀 기울였다. 또 들려왔다. 전쟁의 아우성을 들어보지는 못했지만 최후의 간절한 아우성이었다. 병인양요난이 언제인데 지금 그 소리가 들리는가.

그 속에는 양헌수 장군의 함성도 들어 있으리라. 집에서 한 시간 거리인 덕포진 바닷가를 산책하다가도 때로는 그분의 한시 '상마망유가 출성망유신上馬忘有家 出城忘有身말에 오르며 가족을 잊었고 성을 나서며 나를 잊었노라'를 읊어본다. 나라를 위해 사랑하는 가족을 버리고, 자신도 버려야만 했던 장군의 용맹스러운 모습을 상상하면 가슴이 뭉클해지곤 했다.

그 때의 절박했던 소리가 어느 곳에 머물렀다가 지금 들려오는가, 왜 그런 소리는 자꾸 들리는 것일까. 밤 주을 땐 비가 왔었고, 현재의 소리 같았고, 덕포진 길에선 과거의 소리 같았다. 남들이 '정체불명의 소리를 들었다느니, 무엇을 보았다느니' 말하는 시간대는 대부분 우중충한날 오후이거나 밤이었다. 그쯤이어야 하는 이유 또한 있는 것일까.

우리는 소리의 층, 천둥소리부터 겨우 들리는 발밑의 아주 작은 벌레소리까지 들을 수 있다. 벌레소리를 천둥소리 같다고 하는 생명도 있지 않겠는가. 한번 태어난 소리들이 허공의 바다로 퍼져 기후환경에 따라 본래의 소리로 뭉쳐 아득하게 또는 가깝게 들리기도 하고 흩어지기도 하는 게 소리의 삶일까. 눈을 감고 귀 기울이면 아주 작은 소리파장이 물처럼 흘러간다.

내가 낳은 소리, 위하고 배려하는 고운 말을 낳기 위해 몸가짐에 유의하고 태교로 책을 읽는 등 정성을 들인다면 어떤 수준의 말이 태어날까. 어떻게 태어나야 효도하며 행복하게 살까. 수명은 언제까지일까. 나보다 길 것 같지만 얼마나 더 길까. 지구 수명까지일까. 영원할까.

몰랐어

때때옷 입은 고사리 손
두꺼비 집 짓고
햇빛에 밥 지어 소꿉살이 하는
몽실한 엉덩이 팔랑이는 치마를
그대로 두고 올 줄
몰랐어

어스레한 들길
바람에 휘날이는 마른 풀잎
작은옷 터지는 줄 몰랐어

속옷 갈아입으면
겉옷까지 새 옷 되고
두꺼비집
그대로 있을 줄
정녕 몰랐어.

10

두 얼굴인가

천둥소리에 잠 깨었다. 가을천둥소리가 요란하다.

"번쩍, 으지직 꽝!"

무엇인가 번개 맞았다. 마른 하늘에 날벼락이라더니 비도 오지 않는다. 마치 죄지은 사람처럼 가슴이 두근거린다. 사람에게는 아담과 이브가 무화과 따먹은 원죄가 있다지 않던가. 그래서 불안한 걸까?

종교적 차원이 아니더라도 누구나 본의든 본의 아니든 잘못을 하고 산다. 갑작스럽게 조목조목 생각은 나지 않지만 우선 부모님께 한 불효, 측근이나 이웃들에게 알게 모르게 한 잘못들이 있을 것이다. 상상을 초월하는 건망증으로 끼친 민폐도 만만치 않다. 동트려면 아직도 몇 시간 남았는데 잠을 청해 보아도 잠이 오지 않는다.

"번쩍, 와르르 와장창, 쫙, 폭삭!" 무너지다가 찢어지는 소리도 난다.

창틀이 떨어질 것처럼 덜그렁거린다. 번번이 깜짝깜짝 놀란다. 지은 죄 만큼 놀란다는데, 나는 죄가 많은 모양이다.

그 누군가와 의견충돌이라도 나면 시시비비를 알고 싶어 천주의 사제라도 되는 듯 남편에게 빼지도 보태지도 않고 고해성사를 하는 버릇이 있다. 그러면 이런저런 논리를 늘어놓고는 잘 지내야할 주변 사람과의 갈등하는 건 다 내 탓이란다. 맞는 말 같지만 갈등없이 살 수 있겠는가. 그래도 물어 봐야 자신을 비판 할 수 있지 않은가.

하지만 형식적인 것을 중요시 않는 경향이 있는 선머슴 같은 자신이 싫다. 게다가 엘리베이터가 방인 줄 알고 신 벗고 들어가는 등 상상을 초월하는 건망증으로 인해서 일어나는 크고 작은 사건들을 변명하기에만 급급해 있다. 그이와 살아온 나날들은 덜컥덜컥 저지르고 후회하면서 반성하는 세월이었다 해도 과언이 아니다.

그럼에도 자존심이 상하면 참을 수 있을 때까지 참다 수치심에 못 견디겠다 싶으면 불같이 반격을 가한다. 그런 내가 밖에만 나가면 의기소침해진다. 그래서 그이는 날보고 사납다고 하고, 외부 사람들은 날보고 순하다고 한다. 그러니 두 얼굴이 아닌가.

남편도 천둥소리에 깨어나 무슨 생각을 하는지 잠을 못 이루는 것 같다.

"자요? "

"아니!"

남들은 동갑이면서 생일이 나보다 늦은 남편은 연상으로 본다. 그의 주름진 얼굴에서는 종갓집 맏이로서의 무게와 얼룩진 세월이 묻어있다. 그 모습 또한 내 탓과도 무관하지 않은 것 같다.

새삼 생각하면, 멋은 없지만 정이 많은 그는 남편이다. 때로는 스승같고 친구같다. 나의 멍에를 메어주는 길잡이다. 같은 목표를 향해 열심히 살다 보니 지금은 서로 젖어 들어 눈높이도 비슷하게 닮아간다. 나의 착각일수 있겠지만, 남편이기에 그렇게 생각한다. 이제 말없이도 그의 마음을 읽을 수 있다.

얌전하게 걷다 다소곳하게 앉는 자태가 고와서 고야이를 좋아한다는 남편이 아닌가. 덤벙거리고 부산하기만 한 나와 같이 살았으니, 그 고충이 얼마나 컸을지 짐작이 간다.

그래서 남편은 죽었다가 다시 태어난다면 십중팔구는 또 다시 나를 만나 살지 않겠다고 할 것이다. 그렇지만 나는 얌전하고 자상한 여자로 태어나 남편과 다시 한 번 살아보고 싶다.

벌써 새벽이다. 간밤에 아무 일도 없었던 것처럼 하늘이 조용해졌다. 폭우가 쏟아진 후 맑게 갠 아침 같이 상쾌하다.

매질하는 빗방울 속으로

빗방울이 탁탁…
장독대
숲의 나뭇잎들, 꽃들
출렁…
나뭇가지
휘청…
물방울이 튕겨나간다

이럴 때면
소낙비를 팡팡 맞으며
아스팔트포장 속
울근불근한 땅이 쾅쾅 울리도록
짓밟고 뛰어가고 싶다

반항으로 잉태해
반항으로 태어나
가파른 언덕길을 오르내리며 때때로 일어나는
선천의 반항심

실컷 두드려 맞으면
후련해 질 것 같은
저 매질하는 빗방울 속으로

11

땀 향기

강의가 끝나고 출입문을 여는 순간, 땀에 젖어 후줄근한 G선생이 계면하게 서있지 않은가. 일과를 끝내고 급한 일을 처리하느라 늦은 데다가 차까지 막혔단다. 교수님과 문우들, 수필이 익어가는 분위기에 잠시라도 젖고 싶었을까. 늦은 시간인데도 불구하고 달려온 선생의 열정이 대단했다. 우리는 그냥 갈 수 없어 길목 호프집에 들어갔다. 팥빙수와 아이스크림, 계란찜도 준비되었다. 바쁘게 살면서도 언제나 상냥한 G선생의 땀 냄새가 운치를 더 했다.

그 누구의 땀 냄새냐에 따라 향기로울 수도 역겨울 수도 있지 않은가. 태속에서부터 맡은 어머니의 땀 내음은 더할 수 없이 향기로운 향수였다. 출타하시면 나는 무명적삼을 안고 킁킁거리며 잠들었다. 어느 초여름 밤이었다. 자정이 넘도록 보리타작을 하고 계셨다. 밤이면 살쾡이가 가끔 마을로 내려와 가축을 잡아가고 사람도 홀린다는 말이 있기에 어린 나는 마루에 앉아서 눈을 비비며 어머니를 지키다

설 잠이 들었다. 일을 끝내고 안아 뉘는 그분의 땀 냄새가 가슴 저리도록 향기로웠다.

또한 둘째 아들의 땀 냄새이야기는 지금 생각해도 향기롭다. 군복무시절 상관이 목욕을 가자고 해서 따라가는 중이었다고 한다. 그런데 동기들이 수건을 목에 걸고 산더미 같은 쓰레기를 치우고 있었다. 아들은 그냥 지나칠 수 없어 상관의 양해를 구하고 그들과 함께 일을 했다고 한다. 일을 끝내고 앉아서 나누는 담배 한 개비의 맛은 최고였다고 했다. 향기로운 땀을 흘릴 줄 아는 아들이 대견스러웠다.

G선생은 직장을 가진 중년의 주부다. 퇴근하고 강의 중간쯤에 헐떡거리는 숨을 진정하고 손으로 입을 가리면서 조용히 들어와 내 곁에 앉는다. 집에서 편히 쉬고 싶을 텐데 달려오는 그녀가 존경스러워선지 땀 냄새가 역하지 않고 향기로웠다.

G선생의 상큼한 그 땀 냄새, 아마도 남을 위하는 보람 있는 땀이기 때문이리라.

모르겠다

버스 탔다
버스가 달려간다
나무가 엇 비켜 달려간다
나는 버스의자에 앉아있다
아니다

나무는 제자리에 서 있고
버스만 달린다
나도 달린다
아니다
어지럽다

나무가 달려간다
버스는 멈춰 서있고
나는 버스 의자에 앉아서 빙글빙글 돈다
아니다
잘 모르겠다

12

또복이

또복이는 스피츠 잡종이다. 아파트에 같이 살 수 없어서 목장에 가져다 놓았는데 주인이 잘 보살펴주어도 전주인만 찾는단다. 우리 가족이 목장에 들어가면 뛰어오르며 반가워 난리도 아니다. 다른 개들 앞에서도 으쓱거리며 뽐내는 모습이 우리를 슬프게 한다. 목장에서 돌아 올 때면 짧은 다리로 있는 힘을 다해 따라온다. 지칠 때쯤이면 절름절름 낑낑거리며 승용차가 보이지 않을 때까지 바라본다.

집에 돌아와서도 그이는 말없이 소파에 앉아 뿌리칠 수밖에 없었던 또복이 생각을 하는 듯싶다. 연속극 보다가도 눈물을 글썽이는 그이는 한 30분정도 앉아 있다가

"단독주택으로 이주해야겠어, 또복이를 데려다 키우게" 라고 하는 것이 아닌가.

그이와 나는 집 문제로 다툴 때가 더러 있었다. 나는 호젓한 단독주택에서 고향을 느끼며 살고 싶었다. 흙냄새 풍기는 마당에 잔디도

심고, 미니 호수도 만들고, 각종 유실수도 심어 놓아 새들을 기다리며 살고 싶었다. 그러나 그이는 혼자 고립된 것 같은 단독주택 생활보다는 아파트 숲에서 사람들과 어우러져 사는 것이 좋아선지, 다른 어떤 이유가 있는지 아파트만을 고집했다. 그런 그이 생각을 또복이가 바꾸게 했다. 이제라도 마음을 바꿨으니 언젠가는 단독 주택에서 살 수 있지 않을까.

어느 해 가을날 오후 그이는 강아지를 안고 집에 들어왔다. 깨물어주고 싶은 하얀 새끼 강아지였다. 아이들은 교대로 껴안으며 뽀뽀하고 우유와 초콜릿을 사오는 등 시끌벅적 난리였다.

나는 개를 싫어했다. 정들이고 싶지 않은 것이 첫째 이유다. 정들였다가 상처받은 적이 있기 때문이다. 비오는 날이면 비린내가 심하고 목욕을 자주 시켜야하는 번거로움도 싫었다. 그리고 집안에서 오래 키우면 방 구석구석 틈새마다 개털이 날아 박힐 것이고, 냄새가 배어서 사람 집이 개집이 될 것 같았다. 그러나 천진스런 새끼강아지라 그런지 모성애를 느꼈다. 그이로부터 강아지가 우리 집에 오게 된 경위를 듣고 있는데 애들의 겁먹은 소리가 들렸다.

"엄마! 강아지가 죽었어, 어떻게 해!" 하며 애들은 강아지를 안고 떨고 있었다.

창문 사이에다 올려놓았는데 떨어져 그렇게 되었단다. 너무 어린 강아지를 어미 품에서 떼어 죽였나 싶고, 애들에게 못 볼 것을 보게 하나 싶어서 그이를 잠시 원망했다. 애들은 마치 엄마가 수의사라도 되는 듯이 꼭 살려내라는 눈치였다. 나는 축 늘어진 강아지를 품에 안고, 제발 살아나라고 토닥토닥 빌었다. 아이 셋은 내 앞에 오물조

물 앉아서 초조하게 강아지가 살아나기만을 기다렸다. 한 3분 정도 되었을까. 강아지가 움직였다. 떨어지는 충격으로 기절했던 모양이다. 그 후로 아이들은 강아지를 더욱더 사랑했다. 둘째 아들은 강아지 이름을 '또복이'라고 하자고 했다. 그 이유인즉 복이 있고 또 있으라는 뜻이라고. 우리는 손뼉 쳐 찬성했다.

가족의 사랑을 독차지하는 또복이가 자라면서 어찌나 영특한지 청각, 후각이 상상을 초월했다. 대문 밖 한 오백 미터 전방쯤에 누가 오고 있는지 알아냈다. 또복이가 둘째 아들을 무척이나 좋아하는데 그 애가 어디 쯤 오고 있는지 또복이를 보면 알 수 있다. 귀를 뒤로 쫑긋 젖히고 주춤주춤 낑낑거리며 꼬리를 마구 흔들어댄다. 다른 가족이 오고 있으면 '끙끙,' 꼬리를 약하게 좌우로 몇 번 흔들다 만다. 강약에 차이는 있지만 언제나 변함없이 우리가족 누구라도 반가워 꼬리를 흔들어댄다. 낯선 사람이라도 오면 내게로 도망쳐 바짝 붙어서 꼼짝 못하는 겁쟁이 또복이, 우리는 무척 사랑했다.

고향집에서 누렁이 '워리'를 키웠다. 매우 영리했다. 그 때도 가족의 사랑을 독차지했다. 어느 날 이웃집에서 쥐 잡으려고 놓은 쥐약을 먹고 무엇이든 마구 물어뜯으며 사경을 헤맸다. 작은오빠는 주전자에 비눗물을 담아 워리 입에 부으니까 주전자 입을 마구 씹어 찌그러졌다. 그래서 오빠는 손으로 입을 벌리는데 그 와중에도 오빠의 손가락이 씹힐까봐 혀로 손가락을 밀어내면서 이를 악물더란다. 죽어가면서도 주인을 지켜주려고 안간힘을 쓰는 워리, 작은 오빠는 며칠 동안 밥을 먹지 않았다, 그 후 우리는 개를 키우지 않았다. 지금도 워리를 닮은 개를 보면 그때 생각이 난다.

2년 전 아파트를 분양받아 이주하면서, 그이는 또복이를 누구 주자고 했다. 그 대신 족보 있는 애완용 강아지를 사다 주겠다고 아이들을 달랬으나 또복이를 대신 할 수 있는 개는 없다며 아이들은 펄쩍 뛰었다. 우리는 같이 이주할 수밖에 없었다. 그러나 주민들의 성화에 아이들을 설득시켜 김포 목장에서 키우기로 한 것이다. 그이도 어쩌다 만나면 애원하는 또복이를 외면 할 수만은 없는 모양이다. 단독주택으로 이주하겠다는 것을 보면.

그러나 지금은 설레는 꿈일 뿐 그날은 멀기만 하다. 하지만 뜻이 절실하면 언젠가는 현실로 다가올 것이라고 믿어본다.

무용하는 새 의자

손가락 끝에
비둘기가 산을 가볍게 들고 하느작거린다.
컴퍼스 짧은 시선 저편엔
얼마나 많은 날개가
휘날리고 있을까

늦은 시간 서성이다
들어선 새 강의실
비릿한 냄새가 풍긴다
노란 의자에 앉는 무용지망생들

그들은 서툰 손짓으로
최대한 유연하고 부드럽게
높고 깊은 곳을 향해 팔을 쭉쭉 뻗었다
귀 기울이는 의자
그도 무용을 하고 있다

PART 3

바람의 길은 위로의 길

나도
그 틈에 끼어
가랑이가 찢어져라 달려가는데도
따라잡지도 못하면서
벌써 지친다

13

목백일홍 속으로 들어간 빼꾸기

꽃향기 절정인 봄이다. 새벽 4시쯤에 깨어나 화장실 갔다가 잠이 오지 않아 책을 읽는데 으슬으슬 춥다. 갑자기 창밖에서 빼꾸기가 빼꾹 빼꾹 빼꾹 운다. 아직 밖은 어둑어둑한데, 웬일일까. 새벽에 빼꾸기 우는 소리는 처음으로 듣는다. 언제나처럼 나도 빼꾹 빼꾹 따라 했다. 그러면 빼꾸기도 빼꾹 빼꾹 화답한다. 그렇게 주고받기를 시들해질 때까지 하는 버릇이 있다. 그러나 오늘은 새벽이라선지 귀찮아졌다. 몇 번 따라하다가 자려고 누웠다. 빼꾸기는 계속 빽꾹거렸다. 잠들면서도 빼꾹거리는 소리는 잠속까지 따라왔다.

빼꾸기와 친해진 지도 몇 년 됐다. 어느 해 텃밭을 매고 있었다. 느티나무 사이 전깃줄에 빼꾸기가 앉아 갸웃거리며 빼꾹 빼꾹 빼꾹했다. 나도 빼꾹 빼꾹 빼꾹하며 손을 흔들기도 했다. 그때부터 우리는 만나기만 하면 빼꾹거렸다. 텃밭 매거나 마당에서 일 볼 때도 찾아왔다. 외출할 땐 큰길까지 따라오며 빽국거렸다. 그러나 창밖에서 나를 부른 것은 처음이다. 그것도 어두운 새벽이 아닌가. 낮에만 우는 줄 알았었다.

늦잠에서 깨어나 창문을 열어젖혔다. 싱그러운 공기가 몰려 들어온다. 뻐꾸기가 왜 새벽부터 와서 울어댔을까. 혹시 몸이 아파 구조 요청하러 온 것은 아니었을까. 나가봤어야 했다는 생각이 들었다. 어데 앉아서 울었을까. 창밖의 나무들을 쳐다보다 창문아래 콘크리트 바닥에 뻐꾸기가 날개를 펼치고 죽어 있었다.

왜 죽었을까. 재빨리 집 모퉁이 돌아 창문 아래로 갔다. 정녕 몸이 아파 나를 찾아와 도와달라고 울고 울다 죽었을까. 전에 까투리가 유리창에 비친 숲을 보고 날아들다 머리 박고 기절한 창문이다. 컴컴해서 창문속의 숲 때문은 아닐 것이다. 창문 속의 나를 만나고 싶었던 것은 아니었을까. 그것도 아닐 것이다. 그렇게 오랫동안 나를 만났어도 멀리서 나를 만났지 가까이 온 적은 없다. 무엇 때문에 왜 죽었을까.

창 밖 화단 목백일홍 밑을 삽으로 팠다. 거기에 뻐꾸기를 묻고 나무 젓가락으로 십자가를 만들어 꽂아 주었다.

'뻐꾸기야! 미안해! 무엇 때문인가 나가 보았더라면 죽지 않았을지도 모르는데, 잠들지 않고 대꾸라도 해 주었더라면 살아있을 수도 있는데, 무심해서 미안해! 목백일홍 속으로 들어가 곱게 피어나렴.'

지켜주지도 못하는 뻐꾸기. 이젠 사물과 정들이기 하지 않을 거라고 다짐한다.

밥 짓기

쌀 씻어 넣은 솥
손바닥을 넣었다 뺐다
손등으로 올라오는
물의 눈금을 잰다
물을 조금 덜어내다 찔끔 더 부었다

쌀에 물을 맞게 주어야 밥이 고슬하다
쌀마다 다른
물배꾸리 맞추기 어렵다.

들락거리는 식솔
끼니마다 쌀과 물량이 일정하지 않다
밥 짓기 수십 년
아직도 물의 수치를 맞추기 어렵다
그래서 조금 되면 된 대로
질면 진대로 먹는다

부부로 살아내기 또한
구름 한 조각. 바람 한 올에도
출렁거리는 감정을 잘 읽고 맞추어야 하는데
밥물 맞추기 같아서

그러면 그런대로
저러면 저런대로 흔들이며 산다

14

밭 가는 렁이

텃밭 매는데 갑자기 새끼뱀이 흙속에서 솟구쳤다. 화들짝 피하고 보니 렁이(혐오감을 최소화한 지렁이의 약칭)였다. 그렇게 큰 놈은 처음 보았다.

렁이는 종류에 따라 색채와 모양이 조금씩 다르고 크기 차이도 난다. 실같이 작은 것부터 엄지손가락처럼 굵은 것까지 있다. 큰 것은 챔피언처럼 허리에 흰 띠를 둘렀다. 그들 세계에서 귀족이나 대장의 표시일지도 모른다.

눈 코 귀가 없는 렁이, 몸속에 작은 기관이 있어 피부로 느끼며 숨을 쉰다. 암수가 한 몸이라 짝을 찾아 헤매지 않아도 된다. 그야말로 부부 일신. 마음도 한 마음이 아니겠는가. 그렇지만 교미는 딴 렁이와 정액을 교환하는 방식으로 한다. 번식은 종류에 따라 4,5개의 알부터 몇 십 개의 알을 알주머니에 품었다 흙에 낳아 놓으면 스스로 부화한다. 그래서 화분에 흙만 넣어 놓아도 렁이가 자라지 않던

가. 듣도 보도 못하는 렁이를 위한 자연의 배려지 싶다. 땅의 숨구멍을 내주는 렁이, 나무그늘이나 수분이 많은 기름진 흙이 대궐이고, 동물의 분뇨나 나뭇잎, 풀, 채소 등의 발효된 흙이 즐기는 성찬이다. 봄가을에는 흙을 살짝 덮고 살기도 하지만 여름에는 뜨거워, 겨울에는 추워 땅 속 깊이 제 몸의 온도나 습도가 맞는 층에 산다. 한 여름 장마철엔 흙 밖으로 나와 샤워하기도 하는데 볕이 나면 다시 땅속으로 파고든다. 더러는 길을 잃고 헤매다 다져진 흙이나 아스팔트 바닥에서 개미들의 푸짐한 한 끼 밥이 되어주기도 하고 말라 죽기도 한다.

지난 해 김장배추를 심으려고 밭을 팠다. 흙이 굳어 괭이가 들어가지 않았다. 밭이 척박한 탓도 있지만 가뭄에 렁이가 수분을 찾아 땅 속 깊이 들어갔기 때문에 딱딱해진 것이다. 괭이로 파자니 힘들고, 나무가 많아 쟁기로 갈수도 없었다. 고민 끝에 렁이가 바글거리는 사슴 배설물을 퍼다 씨앗 심을 자리에 한 삽씩 붓고 물을 주었다. 2,3일 후에 땅을 파보았더니 렁이가 쑤시고 다녀서 푹신푹신하게 갈아진 것이 아닌가. 일손까지 덜어주었다. 그 해 렁이 덕에 힘들이지 않고 맛 좋은 김장김치를 먹을 수 있었다.

산자락에서 사슴목장을 하는 터라 떡갈잎을 주로 먹는 사슴배설물 치워 쌓아 놓았다가 텃밭에 준다. 바로 주어도 열이 없어 묘모이나 야채가 몸살하지 않는다. 배설물 위에다 씨앗을 심어도 싹이 나온다. 그래서 벌레 먹은 흉터는 있지만 싱싱한 유기농야채를 맘 편히 먹을 수 있어서 그런지 맛도 더욱 좋다.

전원생활 2년째 되는 봄이다. 5일 재래시장에서 배추 씨앗을 사다가 텃밭에 심었다. 배추가 어느 정도 자랐을 무렵 뽑아다 겉절이 하려고 밭으로 갔다. '이럴 수가!' 배추에 벌레가 모기장을 만들어 놓았다. 뽑아서 털었다. 자그마한 배추애벌레가 우수수 쏟아졌다. 이 벌레가 다 자라면 어떻게 될까. 상상만 해도 끔찍했다. 농부들이 농약 치는 이유를 알 것 같았다. 우리도 텃밭에 농약 치자고 했다. 농사를 모르는 남편은 엄두가 나지 않는 듯 약 주어 벌레가 못 먹는 채소는 사람에게도 해롭다며 말끝을 흐렸다. 벌레집 같은 텃밭이 보기 싫어 잊고 있다가 벌레 덜 타는 시금치 씨앗을 심으려고 밭으로 갔다. 놀랍게도 벌레가 먹고 줄기만 남아 먹기를 포기했던 애 배추가 매끈한 통배추로 자라있지 않은가. 벌레는 천적이 잡아먹었다 치더라도 뼈대에 살을 어떻게 붙였을까. 견뎌내며 자연스럽게 회복된 것일까. 자생력이 놀라웠다.

흙도 길들이기 달렸나보다. 몇 해 동안 사슴배설물만 주었더니 잘 먹고 튼튼해져서 해충을 이겨내도록 도와주는 건강한 흙이 되었다. 농약 통을 메고 있어야 먹을 수 있다는 대파도 잘 자란다. 그 옛날 조상님들께서 퇴비만으로 농사짓던 숨 쉬는 흙으로 거듭난 것이다. 그렇게 되기까지는 그 무엇에도 위해를 주지 않고 묵묵히 사는 렁이의 공도 크다. 못생긴 사람일지라도 행실이 고우면 멋지게 보여지 듯이 몸 바쳐 낚싯밥이나 립스틱의 재료 등 약재로도 쓰인다는 렁이. 번질거리는 몸뚱이로 꿈틀거리며 고무줄처럼 늘였다 줄였다 하는 모습이 좀 그래보여도 멋지다.

올해도 렁이가 갈아 놓은 밭에 배추, 무, 열무, 시금치, 양파를 심었다. 남은 다랑이는 밭 없는 이웃들에게 나누어 주며 비료와 농약을 주지 말라고 부탁했다. 그들은 의아해하며 씨앗을 심었다. 새파란 싹이 나폴 나폴 올라왔다. 벌레가 먹기는 했지만 씩씩하게 잘 자라는 모습을 보고 그들은 놀라워했다. 보기 좋은 상품을 만들려고 욕심만 내지 않으면 자연은 자연스럽게 무공해 야채를 먹게 해준다.

착한 렁아, 내 마음도 비옥하게 갈아 주렴.

숲속의 아파트

쭉 진열된 서랍장
칸칸이 질러진 서랍 안엔
밝고 흐린 형광등이 켜져 있고
서랍문 여닫고
사람들이 들락거린다
밤 깊을수록
시간이 흘러갈수록
오래된
형광등은 하나씩 꺼진다

15

부부소나무

"와~"

입을 벌린 채로 발길을 멈췄다. 월야경이 기막혔다. 9월 어느 날, 외출했다 집으로 돌아와 어둠이 깔려 있는 울타리 철망문안으로 들어섰을 때다. 하늘 높이 뜬 달보다 배는 크고, 배는 더 밝은 달이 손만 뻗으면 닿을 것 같은 소나무 가지에 얹혀 있는 것이 아닌가. 그 주변의 어둠이 모두 까무러쳤다. 달과 소나무, 소나무와 달을 선대 화가들이 즐겨 그린 이유를 알 것 같다. 그 진경이 변할까 봐 움직일 수도 없었다. 이 무아지경을 카메라에 담는다고 얼마나 담아지겠느냐 만은 카메라가 없어서 안타까웠다. 해마다 이맘때 쯤이면 한 번은 그랬을 텐데 왜 진작 못 보았을까.

바람이 불면 그 리듬에 맞춰 춤추는 것 같은 두 그루의 토종 소나무, 남향을 바라보고 있는 우리 집 현관 맞은편 마당가에 있다. 나의 품안으로 들어올 정도의 둘레다. 조금 높은 자리에 버티고 서있는

검붉으면서 가지가 굵은 것이 수소나무 같고, 분홍색에다 조금 작아서 가녀리게 보이는 것이 암소나무 같다. 가장의 위엄이 느껴지는 수소나무에 기댄 듯이 조금 낮은 자리 한 발짝 뒤로 다소곳이 서 있는 암소나무는 가녀린 편이다. 그래서 부부소나무 같다. 처음 보는 사람도 대개 그리들 본다.

사람의 겉모습만으로도 내면이 어느 정도 보이듯이 권위적인 남편과 내가 사는 모습과 비슷하다. 인적 없는 외딴 집에서 어차피 자연과 벗 삼아야 할 처지다보니 무료하면 소문 날 걱정은 없는 암솔과 넋두리를 늘어놓기도 하고, 가슴이 답답하거나 속상 할 땐 속내를 털어 놓고 남편 험담도 한다. 어떤 때는 부둥켜안고 기쁨과 슬픔을 나누기도 한다. 그렇게 정들면서 나무와 익숙해진 탓일까? 관광할 때 고찰이나 산길에서 오래 묵은 소나무를 만나면 반가운 사람을 만난 듯이 끌어안고 체온을 나누며 향기에 젖기도 한다.

추석 일 주일 전, 울타리 콩을 따고 있는데 울 밖에서 엘크(소만한 사슴) 수사슴이 목을 길게 빼고 울안을 쳐다보고 있었다. 화들짝 놀라 도망쳤다. 남의 사슴사육장에서 뛰쳐나온 엘크가 우리 사슴사육장을 기웃거렸던 것이다. 그 후로도 종종 넘겨다보아 신경 쓰였지만 추석차례 음식하기 바빠 잊고 있었다. 추석날 아침, 차례 지낸 음식을 양푼에 담아 고수레 하러 나간 남편이 콩 튀듯이 들어와 “자네 집에서 뭣 하는 거야? 엘크가 받아 소나무가 죽게 생겼잖아!” 무섭게 몰아붙이는데도 그러거나 말거나 했지만, “안 돼! 죽지 마!” 단숨에 소나무 밑으로 갔다. 하필이면 암소나무가 50cm 정도 하얗게 벗겨져서 송진이 줄줄 흐르고 있지 않은가. 뿔자리 가려운 엘크가 사정없이 비벼댄 모양이다. 나는 콧물 눈물 흘리며 흙을 마구 파 상처에 덕지덕지 바르며 "못 지켜주어서 미안해!" 를 연발했다. 제발 죽지 말고, 살아달라고 애원했다. 암소나무 없는 나의 집은 상상하기 싫었다.

그 무렵, 내 몸은 당뇨합병증으로 모든 기능이 심각하게 손상된 상태였다. 그 당시 당 수치가 500이 넘었다. 의사는 "이미 기차는 출발했습니다. 당 수치는 떨어져도 합병증은 진행 됩니다." 라고 했다. 사형선고를 받은 사람의 기분을 알 것 같았다. 하루는 암소나무를 껴안고 볼을 가만히 대었다.

"나도 힘든데, 너도 많이 힘들지. 그래도 잘 견뎌줘! 사랑한다!" 라고 했더니 그 순간 시선 멎는 가지 끝에 솔잎이 파르르 떠는 것이 아닌가. 분명 바람 때문은 아니었다. 마음과 마음이 통한 것이다. 이심전심은 나무라고 예외겠는가. 지난여름, 오디 따 먹으려고 뽕나무에 사다리 놓고 올라서서 오디 따 먹고 있는데 사다리가 밀리면서 껍질이 조금 벗겨졌을 때도 뽕나무가 떨어서 기대고 있는 나도 떨었다. 매우 아팠던 모양이었다. 밤에는 잎을 접고 자는 자작나무와 나팔꽃을 보면 나무들도 움직이는데 미처 몰랐던 것일까.

첫서리가 내린 날, 남편은 우리집 소나무도 죽을지 모른다며 짚으로 두툼하게 싸주었다. 엘크가 껍질 벗겨놓은 이웃 소나무가 누르스름하게 죽어간다고 했다. 그러고 보니 암소나무가 수소나무보다 노란 낙엽이 많았다. 내 몸 챙기기 바빠 신경 못써 미안했다. 입지 않는 털 코드를 찾아다 입혀주었더니 잘 맞았다.

"이 겨울 잘 견뎌 꼭 살아다오."

새싹이 돋아나는 봄이 왔다. 진달래꽃 개나리꽃이 피고 산과들 거리마다 만개한 꽃에 벌 나비가 날아들고 사람들이 꽃 잔치하는데, 나의 시선은 아직도 겨울인 암솔 가지 끝에서 새순을 기다리며 애태웠다.

"제발 눈뜨고 날 좀 봐!" 주변에 솔꽃이 피었다가 지고, 솔방울을 맺을 무렵, 기다리던 새순이 뾰족이 나오는 것이 아닌가.

"살았구나! 기어이 이겨 냈구나!" 암솔을 부둥켜안았다. 또한 얼마 전 회복 할 수 없다던 나의 합병증과 당뇨수치가 모두 정상이라며 의사는 놀라워했다. 다시 태어난 흥분에 들떠 가족들에게 소식을 전하는 나의 음성이 어찌나 컸던지 주변 사람들이 다 쳐다볼 정도였다. 그 흥분이 아직도 가라앉지 않았는데 암솔이 다시 태어난 것이다.

"소나무야! 암소나무야! 다시 살아나서 고맙다. 우리부부 사는 날까지 너의 부부와 동고동락하자. 달을 불러 가지에 걸고, 환하게 불밝히며 더불어 살아가자."

어머니

가슴이 아파
눈이 젖네요

동구 밖
묵은 팽나무 가지마다
울엄니 노을 진 시선이 걸려있어요

종가시집살이 견딜만하더냐며 쓰다듬는
울엄니 가시손길
꼭 잘 살아야한다고
꼭 기다려달라며
나는 밥그릇으로 받아온 눈총을 숨겨야 했지요

자석에서 대못을 떼어내듯 떨어져 나왔지요
그리고 팽나무 하늘에 안부만 물었어요
팽 잎이 날아와 달려갔을 땐
이미 흰 수의를 입고 누워 있는 울엄니
가슴을 폭폭 파고 묻었어요

명절이나 생신 땐
온종일 팽나무에 걸려 있는 울엄니

캄캄해서야 한숨지으며 돌아 섰다고
팽나무가 술렁술렁 전하는 말
가슴에 비수처럼 박혔어요
세월이 아무리 흘러도
눈물이 마르지 않네요

16

사경死境 탈출

“문경 점촌 H농장에 갈 건데 당신도 같이 가든가. 안 가도 괜찮아”

남편이 커튼을 젖히고 밖을 내다보며 한 마디 던졌다. 거래 차 H농장에 갈일이 있는 모양이다. 며칠 전부터 내린 눈은 산천을 푹 파묻었다. 밤사이 10센티는 더 내린 것 같다. 문경엘 가자는 건지 말자는 건지. 평소 같았으면 설경 속으로 멋진 드라이브가 되겠다며 좋아했을 것이다.

그러나 선뜻 대답을 못했다. 설 쇠느라고 피곤한데다가 사소한 갈다툼의 앙금이 아직도 남아있기 때문이다. 그나마 환기시킨 눈바람이 싱그러워서일까, 우울하지만은 않은 아침이다. 식사 준비하는 등에다 대고, 밥 안주고 뭐하느냐고 또 한마디 툭 던진다. 그런 타박을 받으며 산지도 십 수 년이라 예사롭다.

식사 후 커피 마시며 문경새재의 옛 추억을 더듬었다.

이화령 고개를 넘어 H농장엘 갔다 돌아오는 중 눈발이 휘날렸다. 순식간에 눈이 발목까지 파묻힐 정도로 쌓였다. 그이는 울리는 핸드폰에 대고 괜찮다고 갈 수 있다고 한다. H농장 주인인 모양이었다. 나는 곧 어두워질 건데 눈 쌓인 고갯길을 어떻게 넘겠느냐며 되돌아가자고 했다. 그이는 내일 꼭 해야 할 일이 있다며 액셀을 밟아 댔으나 겨우 굴러갈 정도였다. 다행히 이화령 고개 초입에서 눈은 그쳤으나 중턱도 못 가 오르기를 버거워하더니 서고 말았다. 그이는 나보고 내려서 밀라고 했다. 나는 싫다고 했다. 그이와 실랑이하는 동안 어둠은 깊어갔다. 퉁명스럽게 팍 밀었는데 탄력을 받아서 차는 움직였다. 남편은 쌩 올라가 버렸다. 황당했다. 그래, 이렇게 떠나가 버릴 수도 있겠구나. 그 때 남편에게 전화가 왔다. 핸드폰에 대고 냅다 소리쳤다.

"어디 유?"

"올라와!"

"못가, 안 갈 거야!" 라고 계속 소리 지르며 걷고 있었다. 고함 소리에 잠자던 산천의 가족들이 다 깨어나 기척이 느껴져선지 좀 훈훈해졌다.

'그래, 무섭지 않아! 이들은 다 내편이야!'

땀을 쪽 흘리며 눈 속을 허겁지겁 오르니 조금 평평한 곳에 그이가 서 있었다. 반갑고도 얄미웠다.

"그렇게 달아나 버리면 어떻게 해요. 이 밤에 태산준령을 혼자 넘으란 말이에요!"

그이는 오르다가 쉬면 더 힘들다며 숨 돌리기도 전에 또 밀라고 했다. 이제 와서 거부할 수도 없었다. 그이는 재촉했다. 밀기를 반복하며, 이화령고개에 이르렀다.

이제부턴 목숨을 걸어야 하는 내리막이다. 눈 쌓인 외줄 같은 길을 어떻게 중심잡고 갈 것인가, 조금만 삐끗하면 천야만야 아득한 골짜기 아래로 굴러 떨어질 것이 아닌가. 그이도 몹시 불안한 모양이다. 가다가 조금만 삐끗해도 심장이 떨어졌다 붙었다 그야말로 살얼음판에 목숨을 내놓았다.

차가 '스르르 낭떠러지 쪽으로 미끄러지는 것이 아닌가 출렁' 놀라지도 못하고 눈을 꼭 감고 숨을 멈췄다. 온 몸이 녹아내리는 것 같았다. 사소한 일에 목숨 걸고 무모하게 죽는구나. 자식들 얼굴이 한꺼번에 떠올랐다. 아는 사람들로부터 이렇게 잊어지는 건가, '오, 하느님 부처님! 막내딸은 아직 학생입니다.' 그때다. '출렁' 앞바퀴가 반쯤 빠지면서 참나무에 걸린 것이다. 그이는 계속 후진했다. 가까스로 차가 바로섰다. 겨우 위기를 면했다. 낭떠러지로 떨어질 것을 참나무가 막아준 것이다. 세상을 혼자의 힘으로 살아가는 것 같지만 그렇지 않음을 새삼 느꼈었다.

"커피 마실래요?"

식탁에 혼자 앉아 커피 마시며, 마주 앉아 차 한 잔 마시지 않는 분위기 꽝인 그이를 향해 빈말 한마디 툭 던져본다.

그이는 들은 척도 않고 문단속 하느라고 바쁘다. 나의 심한 건망증 때문에 갈등하다 언제부턴가 포기했는지 외출할 때면 스스로 문단속하고 확인까지 한다. 남편도 내가 문경 가자는 제안을 거절하지 못하는 줄 안다. 그래서 부부는 부족하고 넘쳐도 서로 맞춰가며 산다고 하지 않던가.

'그래, 가자!'

썩 내키지는 않지만 길동무하며 화해도 할 겸 따라 나섰다.

연말 강남에서 지하철 타기

퇴근시간 2호선 플랫폼
겹겹의 사람들
건기침소리가 고요를 깬다
사람가득 태운 전동차가 플랫폼에 들어와
선다

겨우 열리는 전동차문
새어나오고 밀려드는 사람들 잘라내는 전동차문
빡빡하게 닫고
끙끙 레일을 간다
밀치고 밟히다 손잡이 잡고 매달리든 그녀
눈을 꼭 감았다

사람들의 가슴배다리에 하얀 깃털 낳고
팔뚝은 날개로 변했다
한 둘 전동차창으로 빠져나가 날개를 펼치고 날아간다
미니인공위성도 둥둥 떠간다
산 같은 빌딩 외부 꼭대기까지 나선형 활주로가 이어졌고
인공위성이 정착해있다
눈을 떴다. 당산역이다
헐렁해진 전동차

그녀를 살갑게 내려놓고 재빠르게 달린다
온몸이 뻐근하다

17

산을 다시 탈 수 있을 줄이야

바람이 살갑게 살갗을 스친다. 남편이 문수산 간다고 나섰다. 같이 가잤더니, 괜찮겠느냐는 듯이 쳐다 본다. 삼림욕하며 천천히 오르다 당신 만나 같이 내려오면 되지 않겠느냐고 하고는 콩 튀듯이 스틱을 챙기고 배낭에 오이와 사과를 넣고 등산화 끈을 맸다. 산자락에 살아서 산이 더욱 그리운 것 같다.

모 정형외과 원장께서 양쪽무릎이 겉보기엔 퇴행성관절 3기인데 엑스레이 결과는 2기라며 운동하느냐고 물었다. 하루라도 운동 못하면 불안하다고 했다. 그래서 보기와 다르게 왼쪽무릎이 아프지 않은 모양이라며 오른쪽무릎도 운동하면 아프지 않을 수도 있단다. 산은 타지 말고 평지만 걸으란다. 그래서 1년이 넘도록 주중에 두 세 번 산타기를 평지 걷기로 바꿨다. 승용차 탈 때 다리를 들어서 타고 내리는데도 다리를 들어서 내려야 했다. 새로 헬스, 요가, 스트레칭은 평소대로 하면서 무릎근육운동을 시작해 열심히 했더니 좀 나아졌다.

사과식초로 마사지하는 중이었다. 무릎을 싸고 있던 울룩불룩한 부분이 벌레집처럼 희게 부풀어 오르는 것이 아닌가. 근육인 줄 알았었는데 셀룰라이트였던 것이다. 배나 옆구리 등의 군살과는 달리 울퉁불퉁하게 형체를 갖추고 마치 저도 뼈라는 듯이 무릎 뼈와 근육에 찰싹 달라붙어있다. 십여 년 전에 콜레스테롤수치가 높아 중풍 직전이라는 진단을 받은 그 즈음 혈액이 뱉어냈거나 아님 순환이 잘 안되어 응축된 것일까. 시원한 버큼이 톡톡 튀는 바디붐을 무릎에 바르고 강약으로 부드럽게 마사지하니까 조금씩 풀렸다. 그럼에도 '직업여성이 살림을 더 잘 한다.'라는 말처럼 엉덩이로 발꿈치 짚어가며 걸레질도 하고 집안 정리정돈도 평소보다 더욱 열심히 했다.

'어쩌면 좋아!' 허벅지에서 종아리 발목까지 호두만한 또는 땅콩만한 지방세포덩어리들이 빈틈없지 않은가. 그게 다 근육인 줄로만 알았는데 기름덩어리를 매달고 다녔다니 다리가 얼마나 힘들었을까. 진작 알아차렸어야 했는데 무심한 탓이다. 그나마 꾸준한 운동 덕에 견딜 수 있었던 것일까. 그 많은 부위를 언제 다 푼단 말인가.

자그마한 접시모서리로 조심스럽게 종아리부터 훑었다. 우두두둑 하는 소리가 난다. 올록볼록한 부분이 붉은 꽃처럼 피멍이 들었다. 괜찮았던 팔뚝도 셀룰라이트가 몽글해졌다.

갑자기 작은어머니 생각이 나면서 입 벌린 맹수 앞에 선 기분이 이럴까 싶다. 다리 아파 접시로 허벅지를 긁었을 뿐인데 피부암이 번져 돌아가신 그분께서도 다리에 매달린 굳은살덩이를 푸시느라고 그러셨을까.

피부가 스트레스 받으면 그리 될 수 있다는 생각이 구름처럼 밀려왔다. '빈대 잡다 집 태운다'란 말이 실감났다. 멍 풀리는 약을 다리에 바르고 천지신명님께 빌었다. 성났던 팔피부도 가라앉았다. 천만다행이다. 그래도 위험을 무릅쓰고 아기 달래듯이 마사지크림을 바르고 뭉근 부분을 손가락으로 자근자근 누르기를 장기간 반복했다. 하체가 허전할 정도로 가벼워졌다. 푸른 산에만 오르면 언제나 어머니 품 같아서 즐겨 찾던 산타기를 영영 못하나 싶었다.

문수산 진입로에 들어서니 감회가 새롭다. 발걸음이 마냥 가볍다. 오랜만에 만난 산, 바람에 한들거리는 잘생긴 소나무, 참나무, 떡갈나무 등 살랑거리는 잡초들, 듬성듬성 피어있는 이름 모를 야생화랑 마타리꽃, 흙, 돌, 내리막길에서 나를 패대기치던 돌까지도 반갑다. 이성이야 있든 없든 생명을 같이 한 동지가 아니던가. 같은 생물로 같은 세상에 산다는 것이 더 중요하지 않겠는가. 눈길 닿는 대로 얘기도 했다.

헬스기구 있는 벤치에 앉아 사과 반쪽을 먹었다. 문수산 높이가 1.4km인데 0.7km 오른 것이다. 스트레칭으로 몸 푼 다음 또 오르기 시작했다. 소나무, 떡갈나무도 잡아가며 맑은 하늘도 바라보고 찬란한 빛을 선사하는 해도 바라보며 쉬엄쉬엄 오르다보니 정상아래 비행장까지 올랐다. 산타며 몸이 이렇게 가벼웠던 적은 없었던 것 같다. 사방팔방을 향해 고맙다고 꾸벅거렸다. 그때서야 함흥차사였다 나타나는 남편 얼굴이 해바라기처럼 환하게 보였다. 내가 정상까지 오를 수 있도록 기다려 준 것은 아닐까.

하산 길이 걱정이다. 스틱에 힘을 잔뜩 주고 한 발짝 내려갔다. 다리가 거뜬했다. 굴다리 지나 스틱을 남편에게 주고 양발로 성큼성큼

나무계단을 내려오면서 속으로 기도했다. '하느님, 부처님, 산신님, 모든 신님, 산을 다시 탈 수 있게 해주어 감사합니다'라고. 바람이랑, 가볍게 흔들리는 숲이랑 풀벌레들에게도 고맙다고. 돌을 밟았는데도 구르다가 서는 것이 아닌가. 나를 잡아 준 것은 아니었을까. 언제 또 아플지 모르니 조심해야한다. 의사는 '운동을 열심히 하면 아프지 않을 수도 있다'라고 했지 나을 수 있다고 하지는 않았다. 이제부터라도 다리를 아끼고 사랑하리라.

영종도에서

바다가
철썩철썩
모래사장을 깨물었다 뱉었다
겨드랑이에 숲을 끼고
달려간다

하늘도
구름 속으로
허공을 헤엄치는 갈매기와
비린내 나는 건물들을 끼고
달려간다

나도
그 틈에 끼어
가랑이가 찢어져라 달려가는데도
따라잡지도 못하며
벌써 지친다

18

새끼백구랑

문간에서 새끼백구를 놓아주었다. 줄에 매달린 채 헐떡헐떡 목을 늘이며 컹컹거리는 어미백구. "어데 갔다 이제 왔어? 멀리가지 말랬잖아! 길 잃으면 위험하다고 했지!"라고 하는 듯 했다. 새끼백구도 "엄마! 보고 싶었어!"라고 하며 쓰러질듯 뛰어간다. 어미와 새끼는 핥고, 물고 엎치락뒤치락 난리도 아니다. 컹컹 낑낑거리는 소리나 몸짓이 그렇게 말하는 것 같았다. 흘러넘치는 모자의 정을 지켜보는 나는 물론이고 주변 환경까지 감동하고 술렁거리는 것 같다.

손을 흔들고 돌아오려는데 철없는 새끼백구 또 따라나선다. 보고 싶으면 또 올 거라며 가라고 발을 쿵쿵 굴렀다. 어미가 컹! 하니까 새끼백구는 낑낑 뒤돌아보며 어미 품으로 갔다.

논둑길을 지나 참나무 숲, 낙엽 밟고 돌아오는 발길이 어찌나 가벼운지 나무사이를 나비처럼 빙글빙글 돌아 나왔다.

바람도 부추기는 그리움이 발길마다 뚝뚝 떨어지는 늦가을 날이었다. 참나무 떡갈나무 단풍잎이 땅바닥에 노릿하게 깔린 오솔길을 산책하고 있었다. 그런데 새끼백구가 나타났다. 나를 보더니 꼬리를 흔들고 손을 핥고 안기며 반가워했다. 사람이나 동물이나 새끼는 비슷한 것일까. 새끼백구의 젖 냄새가 잊고 있던 내 새끼 젖 냄새처럼 익숙했다. 처음 만났지만 나를 엄마처럼 반가워하는 새끼백구를 보면서 동물과 사람이라는 경계가 허물어진, 새끼와 어미라는 생각이 들었다. 자식을 오랫동안 그리워하다 만난 것처럼 여전히 꼬리를 흔드는 새끼백구를 안아주며 쓰다듬고 볼에 대고 비볐다. 쓸쓸하던 가을바람도 보드랍게 살랑살랑 피부와 머리카락을 빗어 내렸다. 우리는 참나무 숲을 껑충껑충 이리 갔다 저리 갔다 참나무를 빙글 빙글 돌기도하고, 헐렁한 나무 사이 하늘을 우러르기도 하고, 또 다시 안기고 안으며 코를 대고 킁킁거리기도 했다. 숲도 같이 즐기는 것 같았다.

집으로 돌아오는 길 새끼백구가 졸랑졸랑 잘 따라오는 것이 아닌가. 집에 가라고 쫓아도 따라왔다. 그래, 집도 가까운데 햄이랑 우유도 먹이고 마실 길트기 겸 같이 가자고 했다. 막 대문으로 들어서려는데 새끼백구가 뒤돌아보며 안절부절 낑낑거리며 어미를 찾는 것이 아닌가. 나는 총알같이 새끼백구를 안고 처음 만났던 숲으로 갔다. 그리고 주변에 있는 집마다 들어가 보았으나 어미가 없었다. 혹시 하고 논 가운데 있는 공장으로 갔다.

역시 공장 안쪽에서 컹하며 어미백구가 나타났다.

오동잎

오동잎하나
떨어지고 있다
바람을 타고
볕과 그늘을 가로지르며
빙글빙글 돌기도 한다
바닥으로 떨어지는 가 싶더니
다시 한 번 솟구쳐 올라
떠돌다
기우뚱
땅바닥으로 떨어졌다

나도
떨어지고 있는 중이다
초침이 어디쯤에서 멈출지
알 수 없지만
지금은
햇볕에 걸린
그늘을 지나고 있다

PART 4

흐르는 시간의 기억속으로

'그래 우물에 내포된 의미로 아쉬운 마음을 달래보자.'고 마음을 다독였다. 노트를 펴고 볼펜을 들었다. 무엇부터 어떻게 써야할지 모르겠다. 눈을 감았지만 아무 생각도 떠오르지 않는다. 머릿속이 뒤죽박죽이다. 벌떡 일어나서 왔다 갔다 머리를 헝클다가 쓰다듬기도 하며 안절부절 하는 시선이 책장에서 멈췄다.

19

승마산

승마산은 인적이 드물어 여인의 속살 같은 산이다. 코스마다 신기해 첫 산행에 반했다. 승마산 자락 약암리 주부와 건넛마을 나와 5명이 승마산에 푹 빠져있다. 부득이한 경우에 한두 명 못 간다. 산정상만 타면 1시간 30분, 자잘한 봉우리까지 여유롭게 오르내리면 2시간 30분이 소요된다. 승마산은 첫눈에 반할 수 있는 산이 아닐까.

오늘도 콧바람을 휘날리며 출발했다. 초입부터 청설모 잣나무숲(잣나무가 숲져 청설모만 따 먹는다고, '청설모 잣나무 숲' 이라고 함)향기가 진하다. 삭은 잣송이만 나뒹구는데 청설모가 여기 번뜩 저기 번뜩 난리다. 제 영역이라고 마음껏 즐기는 건가. 등성이를 넘어 참나무 숲에 이르렀다. 나뭇가지의 노란 눈이 연두색으로 변하려고 한다. 진달래 꽃봉오리가 붉어졌다. 며칠 전에 먼저 핀 진달래꽃 몇 송이가 추워보여 투명한 비닐 팩으로 공기 잘 통하도록 헐렁하게 싸주었는데 시들었다. 그대로 둔 꽃은 잘 견디고 있지 않은가. 괜히 세속의 오염물로 참

견했나보다.

완만한 등성이를 넘어 반듯이 선 것처럼 경사진 깔딱고개에 이르렀다. 그 어떤 목표도 오르기가 이토록 힘들다면 포기했을 것이다. 아이쇼핑에서의 유혹처럼 보이는 것과 보이지 않는 것의 차이 아닐까. 드디어 세 번째로 높은 봉우리에 이르렀다. 상쾌한 공기가 한여름에 땀 흘리며 일하다 마시는 얼음물 맛이다. 무릎도 박하사탕 문 듯이 시원하다.

이곳에서 승마산 정상이 까마득해서 언제 가나 싶지만 가다보면 축지법이라도 쓰는 것처럼 금방이다. 군부대가 아랫마을로 이어놓은 올록볼록한 찻길 따라 작은 봉우리를 가볍게 넘어 우회해 화살길을 타고 오르면 승마산 정상인데, 멀리 보이는 이유는 누워있는 사람 발끝에서 머리를 보는 것 같아서일까. 아무튼 보기보다 가깝다.

우리는 산정상에 도착했다. 바다건너 황산도가 마주 보인다. 우측 대각선 방향으론 초지대교와 대명포구, 정박해 있는 관람용 군함도 보인다. 군함 뒤엔 바위섬이 두 개 있고 또 그 옆 군사도로 부근에 있는 동굴이 가시덩굴에 가려져 있어서 아깝다는 생각이 늘 든다. 띠 동갑 친구가 막대기로 땅바닥을 끄적거리며 마냥 앉아 있고 싶단다. 어미 품에 안겨 투정부리는 아기처럼…

바다가 코앞인 풍광명미인 봉우리를 그냥 지나칠 수 없었다. 산등성이를 산책하듯이 헬리콥터 비행장을 지나 미군이 지어놓은 묵은 관측소를 꽃무늬를 그려가며 보수한 봉우리에 올라 벤치에 앉았다. 칼국수가 유명한 황산도, 맛살 바지락이 많은 큰 소렴 작은 소렴, 희미한 영동교까지 한 눈에 들어온다.

되짚어 마을로 이어진 찻길로 나왔다. 좌측으로 가면 오른 길로 하산한다. 하지만 오늘은 찻길 따라 가다가 승마산 정상보다 낮은 정상 하나 더 타기로 하고 우측으로 들어섰다. 햇빛의 빗살이 빼곡한 잔솔 사이로 소나무터널 같은 등산로. 삭은 솔잎 위에 노란 솔잎이 깔려 폭신한 융단을 왕비처럼 우아하게 밟는다. 그리곤 가파른 내리막으로 푹 꺼졌다 불쑥 솟아 오른 비탈길을 타고 오르면 분재 같은 소나무군락을 만난다. 그 주변 아랫마을 사람들은 몇 해전만 해도 숫돌을 주어 칼이나 낫을 가는데 썼다고 한다.

두 번째로 높은 마지막 정상이지만 이미 높이 올라왔기 때문에, 그 또한 풍광명미를 감상하며 여유롭게 정상에 도착하면 햇빛이 쫙 비춰 주어 무대에 등장하는 화려한 스타 같이 느껴진다. 우리는 울퉁불퉁한 바위 위에 앉았다. 엉덩이가 지압되는 것 같다. 이 봉우리는 잔돌도 울퉁불퉁하다. 바위가 갈라지며 갑옷 입은 장군이 말을 타고 나올 때 밟은 말발굽에 의해 바위가 울퉁불퉁해졌다는 전설이 있다. 그래서 산 이름도 승마산이란다. 그 때문일까, 아랫마을 붉은배(땅을 파면 붉은 돌이 나온다고)에선 많은 인재가 배출되었단다. 햇빛은 나뭇가지로 내 이마에 어사화를 그렸다. 바다에도 은빛금빛으로 화려하게 스케치했다.

여기까진 2시간 정도 걸렸다. 조금 쉬었다가 하산 길로 접어들었다. 달팽이집에 들어가듯이 내리막찻길 타고 돌다가 좌측 산길로 들어서서도 또 돈다. 그 길은 비내리길(응달이면서 늘 비 내린 것처럼 습지고 우중충해서 붙여진 이름)이다. 고로쇠나무 군락을 지나면 어둠의 터널 밖처럼 환한 묘가 보인다. 유일하게 거기만 양지바른 묏등이다. 어릴 적에 친구들과 소꿉놀이 하던 생각이 난다. 그래선지 지금도 양지바른 묏등을 보면 쉬어가고 싶어진다.

물이 자박자박 흐르는 도랑을 건너 산모퉁이를 돌면 마지막 오르막길이다. 예전에 나무꾼이 나뭇짐 지고 헐떡거리며 넘어 다녔다는 헐떡고개를 빈손으로 타도 헐떡거려지는데 나뭇짐지고 얼마나 힘들었을까. 이 마루에 올라서면 벌써 길목에 있는 동갑네 집 커피향내가 난다. 이제부턴 피로를 푸는 발걸음이다. 울창한 산허리 왼편으로 왼발짝 맞춰가며 처음 출발했던 지점에 도착했다. 마지막 열정을 쏟아내는 듯 유난히 찬란한 석양이 눈부시다.

옥수수

옥수수가 맺었다
붉은 머리가 나면서 두툼해졌다
껍질을 살짝 비집어 보았다
아직 차오르지 않았다
바람들까봐 덮었다

익기를 기다렸다

옥수수가 통통해졌다
꽉 여민 진녹색 겉껍질을 벗겼다
벗길수록 얇아지며 하얘지는 속잎
벗기고. 또 벗겼다
8번째 속잎 벗기고 거친 손을 멈췄다
9번째 속잎 너머
탱글탱글한 옥수수 알갱이의 굴곡을 타고
금발머릿결이 발끝까지 치렁하다

이렇게 고이 간직한 몸
마지막 속옷을
어느 누가 쉽게 벗길 수 있겠는가

20

어디 갔다 와!

새벽 4시 쯤 정동진에 도착했다. 먹물 같은 바닷물소리가 밤의 적막을 깼다. 한 할머니가 다가와 새로 지은 따뜻한 방이 3만 5천원인데 2만원만 내고 눈 좀 붙이라고 했다. 해 뜨는 시간은 7시 30분이라며, 제 시간에 깨워 주겠다고 너스레떠는 할머니가 반갑다. 정말 따뜻했다. 아무 생각 없이 잠이 들었다. 알람 소리를 듣고 깨어나 새벽 바다로 나갔다.

아직도 어스름 바다. 뼛속으로 스며드는 한기, 모래 위에 겉도는 발자국, 쏴~~소용돌이치며 모래사장을 삼켜버릴 듯이 밀려오는 파도, 침묵하고 서 있는 사람들도 우울해 보였다. 그들도 삶이 버거워 일출에 소원 빌고자, 이 추위에 먼 길도 마다않고 왔으리라. 긴장된 시선이 멈춘 수평선 먼 곳엔 파도 타는 오징어잡이배가 아스라이 떠 있다. 갑판에선 잡힌 오징어가 살려달라고, 저도 살 권리가 있다고 펄쩍펄쩍 뛰겠지.

혼자 여행하기는 처음이다. 아니 방황이라고 해야 맞다. 구름에 가려서 아쉽게도 일출은 볼 수 없었다. 소망 담은 시선들이 수평선으로 첨벙첨벙 떨어져 내렸다. 몸이 떨렸다. 어떤 대가를 치루기 위한 체벌 같아서 후련하기도 했다. 깊은 시름에 잠긴 듯이 바다만 바라보는 50대쯤 보이는 여자도 혼자인 것 같다. 담담한 표정으로 꼿꼿이 걷기만 하는 30대 중반쯤 보이는 여자도 혼잔가 보다. 혼자다보니 혼자 온 사람이 눈에 잘 띄었다. 정동진에 막 도착해서 야식으로 우동을 먹을 때 나의 맞은편에서 떡볶이 먹던 여자도 일행이 없어 보였다. 연령에 따라 표정도 분위기도 다르다. 그들도 설한을 뚫고 홀로 오게 된 동기나 사연들이 깊겠지.

"날씨가 몹시 춥지요? 지난 겨울에 왔을 땐 이렇게 춥지 않았는데"

선글라스를 쓴 여인이 두리번거리는 내 옆에서 말했다. 한 60대쯤 보이는 그녀도 혼자인 듯했다. '새벽부터 웬 선글라스?' 달갑지 않아 하는 눈치를 챘는지, 반응 없는 내게 변명이라도 하듯이 바람이 차서라고 하며 선글라스 다리를 손으로 잡았다 놓는다. 나는 서먹해하는 그녀에게 대꾸를 했다.

"겨울여행을 좋아하나 봐요?"

"딱히 어느 계절이라기보다 화가 치밀어 오를 땐 바다를 찾아오는 편이지요. 드넓은 바다를 보고 있노라면 기분 전환이 되거든요"

"참 좋은 방법이네요, 나는 이불 뒤집어 쓰고 속을 푹푹 썩이고 있는 편인데 용기 내어 나오니, 역시 막힌 가슴이 뻥 뚫리는 것 같네요"

대화중에 그녀도 나처럼 종가의 종부라는 말에 공감해선지 오래

전부터 아는 사이 같았다. 그녀를 나의 숙소로 안내했다. 창밖에 바다가 내다보이는 침대에 앉아 끝내 누가 먼저랄 것도 없이 속내를 털어 놓았다. 대나무 숲에 '임금님 귀는 당나귀 귀' 라고 소리친 사내와도 같은 심정이었으리라.

그녀는 참고 있던 울분을 토해냈다. 부모동기간과 한통속이 된 남편이 그들 앞에서 아내를 무시하고 자존심 밟기를 서슴지 않았다고. 어린자식들 때문에 그 수모를 견뎌왔는데, 아들 결혼한 후 집안 살림을 며느리와 상의한다고 했다. 게다가 며느리 앞에서 폭행까지 하니 더 이상 참고 살아야 할 이유가 있느냐며 선글라스를 벗는다. 상기된 얼굴, 피멍든 눈두덩이, 떨리는 입술엔 김 서린 땀이 송골송골 맺혔다.

"어쩌면 좋아! 진정하세요! 화병이라도 나면 어떡해요!" 그녀는 이미 치매시어머니 모실 때, 화병이 났다며 이 정도는 괜찮다고 했다.

그녀의 남편은 이토록 북받치는 아내의 서러움을 아는지 모르는지. 같은 여자로서 치밀어 오르는 울분이 검푸른 바다를 덮고도 남을 듯 했다. 현명한 사람은 시대의 흐름을 잘 탄다는데 그녀의 남편은 듣도 보도 못하는가 보다.

나는 서슴 없이 그녀의 말에 맞장구쳤다.

"어떻게 며느리 앞에서 치매모친까지 모신 아내를 따돌리는 것도 모자라 폭행까지 할 수 있어요. 너무 지나쳤네요! 내 남편도 그런 식이거든요. 남자들은 왜 그렇게 미련한지 몰라요. 특히 늙어가는 남편들이 더욱 심해요."

그녀도 기다렸다는 듯이 한마디 뱉어버린다.

"미련하면 평생 고생한다잖아요. 거기까지가 그 인간의 한계인 것을 어쩌겠어요."

잠시 생각에 잠긴 그녀의 모습이 몹시 피곤해 보여서 좀 누우라고 했다. 그녀는 괜찮다며 창밖의 바다만 바라보다가

"저 드넓은 바다를 보고 있노라면 어떤 굴레 따위가 전혀 느껴지지 않고 마냥 자유로워져요. 제주도에 집 한 채 있는데 가족을 떠나 거기 가서 혼자 노후를 보낼까 봐요."

"나는 반대하고 싶은데요. 가족과 함께라면 몰라도 혼자 있으면 산 같은 외로움이 검푸른 파도처럼 밀려오면 어떻게 해요. 나는 우울할 때 파도치는 밤바다만 봐도 파도소리는 칼 부딪히는 소리 같고, 하얗게 보이는 거품은 칼날의 번득임 같거든요. 가족 떠나 제주도에서 혼자 살면 후회할 겁니다."

그녀는 잠자코 있다가 단호한 표정을 지으며 말했다.

"위험하지 않은 곳이 어디 있겠습니까? 우리 모두 칼날에 서서 순간순간을 잘라내며 살고 있는지도 몰라요. 그래서 삶은 어차피 외롭고 고독하지 않겠어요?"

나는 공감했다.

"그럼, 외로움과 고독은 우리네 운명이네요. 똑딱 똑딱하는 초침소리 또한 살점들이 비명을 지르며 떨어져 죽는 소리일 거예요"

그때 그녀는 처음으로 화들짝 웃었다.

남편에 대한 불만이 어찌 비슷하지 않으랴. 가부장 시대의 막바지를 사는 우리 또래들의 소리없는 아우성이 아니겠는가. 남존여비, 그 때문에 얼마나 많은 할머니들, 어머니들이 남편들의 무지막지한 폭

력에 무릎 꿇고 꽃잎처럼 지지 않았는가. 그 시절엔 딸을 낳으면 산모도 아기도 구박받았고, 핏덩어리 딸을 엎어놓아 죽이기도 했단다. 미련의 극치다. 4남매 중 외동딸이던 나도 딸이라고 차별받고 자라지 않았던가.

자기 뜻대로 되지 않으면 집어삼킬 듯이 어금니를 드러내고 소리지르며 덤벼들던 남편의 얼굴이 떠올랐다. 그이도 남존여비의 근성이 대를 이어 잠재의식에 남아 있다 불쑥 불쑥 본색을 드러내는 것은 아닐까. 입으로만 남녀평등이니, 여성상위니, 아들보다는 자상하고 잔정 많은 딸을 더 선호한다느니 하지만 그게 그렇게 손바닥 뒤집듯이 쉽게 바뀌겠는가. 내심은 그 반대인 사람들이 더 많은 듯싶다. 짧고도 덧없는 세월. 아끼고 사랑해도 모자란데 아직도 약한 여자 위에 군림 하는 남자, 그 우매함의 끝은 어디까지일까.

서러움은 벌써 기억 속에 묻어버렸나. 그녀와 나는 어느 순간부턴가 앞 다투어 자식 자랑을 하고 있지 않은가. 우리네에겐 망각이라는 치료제가 있어 금방 헤어질 것 같이 싸우던 부부도 해로하고 사는가보다.

그녀는 내일이 동지인데 팥죽 쒀야한다며 서둘러 떠났다. 나는 무궁화호를 탔다. 화는 바닷물에 풀어 놓았는가. 마음이 한결 가벼워졌다. 그녀와의 담소가 이해의 폭을 넓혀주었나 보다. 어쩌겠는가, 여필종부의 잔재에 아직도 묶여있는 남편, 어쩌면 그도 피해자일지도 모른다. 나 없는 동안 끼니는 거르지 않았는지 걱정된다.

어색하고 미안한 마음으로 대문에 들어서자, 가출의 이유를 익히 아는 남편이 마당에서 낮은 목소리로

"자네 어디 갔다 와?"
말없이 한번 쳐다보고 집안으로 들어갔다.

임자도에서

바다 속에서 목만 내놓고 하늘을 보는 임자도
솔 숲 사이를 질주
쌍굴 앞 인중펜션에 짐 풀었다
방파제에서 숭어·광어 낚고

오후, 새우 잡이 배타고 바다로 갔다
그물타고 올라와 가판위에서 뛰는 새우
서울 공판장까지 뛰어가서도 뛴단다

또다시 노을바다로 갔다
썰물파도 모래무늬를 삽으로 푹푹 파
장대 세우고 그물 매달았다

임자도 밤하늘이 대낮같다
서울의 밤하늘은 공해 한 접시가 가렸는가
그 사이 나는 바람의 한 올일까
나무에서 떨어지는 순간
땅속으로 스미는 물방울 하나일까

21

얼굴 근육 세우기

10년 전쯤이지 싶다. 척박한 밭처럼 거친 얼굴 피부에 주름살이 많은 편이었다. 콧바람에도 휘날리는 머리카락 숫자도 줄었다. 남편은 귀밑에 주름 가려지게 머리 좀 기르라더니 정수리가 비었으니 길어날 머리카락이나 있겠느냐고 했다. 고생해서 그런 것을 어쩌란 말이냐고 퉁명스럽게 내뱉었지만 정곡을 찔린 상처가 아팠다.

어쩔 수 없이 머리에 가발을 썼다. 여름에 가발쓰기는 너무 덥고, 관리하기도 고역이었다. 견디다 못해 가발을 벗고 외출할 땐 모자를 썼다.

그리고 나름대로 피부 관리를 했다. 일주일에 두세번씩 저녁 먹은 다음 먹는 식재료 중에서 야채즙이나 우유, 곡물의 분말, 보약을 조금 남겨 머리와 얼굴에 마사지했다. 텔레비전 보며 얼굴피부와 두피 지압으로 근육세우기도 습관처럼 했다. 고운 머릿결과 피부는 인상이고 이미지가 아니던가. 귀찮아도 꾸준히 했다. 몇 개월 지나서다.

미용실원장이 정수리 머리카락이 촘촘하게 나온다고 했다. 얼굴과 목덜미에도 잔주름이 어느 정도 펴졌다,

깊어져가는 팔자주름과 늘어진 볼에도 신경을 썼다. 내부가 아니고 눈에 띄는 외부라며 마치 내 얼굴이 실험용인 듯이 할 수 있는 모든 방법을 동원했다. 소파에서 거꾸로 서기, 가랑이 찢기, 가랑이 머리 뒤로 넘기기, 팔걸이에 다리를 걸고 무릎관절 근육운동하기, 윗몸 일으키기 등의 스트레칭도 했다. 쇼파에서 거꾸로 양반다리하고 앉은 채로 잠들 때도 있었다. 소파는 힘을 덜 들이고 할 수 있는 나의 푹신한 운동기구인 셈이다.

또한 잠 잘 때는 베개를 베지 않았다. 베개를 높이 베고 잘 때는 똑바로 누우면 숨이 차서 옆으로 누워 자야 편했다. 베개 없이 자니까 숨이 덜 찼다. 늘어지는 피부 예방차원이었는데 편안하기까지 했다.

어린 시절, 어른들께서 '삼천갑자동방삭이 백지장을 베고 잤다'는 설을 들려주며 고침단명高枕短命이라고 베개를 되도록 낮게 하라고 했다.

침대 끝에 어깨를 걸고 목을 늘어뜨린 채로 난간을 베고 자기도 했다. 처음에는 거북했지만 점점 어깨가 시원해졌다. 낮에는 머리를 세우고 지내는데 잠 잘 때는 머리를 거꾸로 메달아도 괜찮을 성 싶었다. 그 방법도 공평하다는 생각이 들었다. 하지만 아침에 일어나면 얼굴이 부었다. 그래서 베개를 어깨두께정도의 높이로 베고 잔다. 그동안 습관이 들어선지 반듯이 자도 편안했다.

텃밭 맨 후 샤워하고 물에 소주를 조금 타서 몸을 헹궜는데 요즘은 사과식초를 조금 탄다. 식초는 뼈를 유연하게 하고 피도 맑게 해

준다하지 않던가. 피부도 물렁뼈라고 생각할 수도 있지 않을까, 가끔 사과 식초로만으로 얼굴피부 마사지한 후 영양을 주기도 했다. 그랬더니 주사 맞은 것처럼 젊어졌다는 둥 얼굴이 작아졌다는 소리도 듣는다.

당뇨 합병증으로 콜레스테롤 수치가 높아서 중풍 직전이라는 진단을 받고 물 한 컵에 감식초를 조금씩 타 일년 동안 마신 적이 있다. 혈액검사 결과 콜레스테롤이 정상이고 혈액도 맑다고 했다. 기름기 많은 곳에 식초를 한 방울 떨어뜨리면 기름이 분해되는 것을 볼 수 있다. 피부에 낀 지방을 식초가 분해해서 수축되어 얼굴 폭이 좁아졌는지도 모르겠다. 하지만 자주하진 않는다. 기름기가 없으면 뼈들도 삐걱거리지 않겠는가.

한번은 친구들과 지하철에서 교통카드 찍고 나오고 있었다. 직원이 무임이라면서 주민등록증을 보자고 해서 주니 민망해하며 요즘 위조 승차권을 가지고 다니는 사람이 있다고 했다. 기분은 조금 나빴지만 친구들이 한턱내라는 말이 이해되었다. 하지만 피부 관리도 한때, 더 나이 들어 귀찮아지면 못한다. 흘러가는 세월을 어떻게 막을 수 있겠는가.

지하철 참사

전동차에 불 질렀다
땅의 내장이 터져 구름처럼 솟구친다
불속의 신음 소리
발을 동동 구른다

마지막 심장소리 차마 못들어
화염 속으로 뛰어든 봉사단
재가 되어 돌아왔다

이별일 줄 어찌 알았으랴
남아있는 체온 어루만지는 유족들은 오열한다.
내 탓 같은 죄송함이 어느 한 사람뿐이랴
가라앉은 하늘
땅덩이가 어깨를 들먹인다

반기 아래 영결식장
국화꽃 한 송이
삼키는 설움 꽃잎에 구른다

검은 리본 단 사람들
식지 않은 분화구 속으로 들어간다

도처에
위험한 눈이 지켜보고 있는데

22

구겨진 마음이 펴졌다

그리움도 익어가는 가을이다. 오늘 모임은 양구회(아들이 양정고 1학년 9반일 때 만난 어머니들의 모임)와 농협주부산악회가 겹쳤다. 매달 만나도 두 곳 다 가고 싶다. 그렇지만 단풍이 절정인 가을산은 지금 못가면 일년을 기다려야 갈 수 있기 때문에 산악회엘 가기로 했다.

밤잠도 설치고 새벽부터 서둘러 밥해놓고 보니 6시 30분이다. 관광버스 출발시간이 아닌가. 허둥지둥 약속 장소에 도착했다. 그런데 주차장이 텅 비어있었다. 허탈했다. 십분 정도는 기다려 주리라 기대했는데 저들만 가버렸다. 정시에 출발하는 줄 알면서도 원망하는 자신이 한심스럽다. 휑한 공간에 어떤 눈들이 비웃는 것 같았다. 어쩔 수 없이 집으로 터덜터덜 돌아왔다.

집엔 아무도 없다. 최근에 산자락 외딴집으로 이주해서 수다 떨 이웃도 없다. 방에 처박혀 있을 수밖에... 오늘따라 아늑하던 방이 답답하고 벽이 나를 조여서 견딜 수가 없다. 밖으로 뛰쳐나가 무작

정 걸어볼까? 순간 벽에 붙은 액자가 눈에 띄었다. 지금은 졸업하고 결혼 했지만, 미대 재학 중이던 조카딸이 첫 솜씨로 우물을 정성껏 그려 액자에 넣어 준 것이다. 서툰 솜씨지만 그 그림을 보고 있노라면 조카의 발랄한 모습이 떠오른다. 반짝거리는 눈으로 나를 쳐다보며 "고모!" 하고 부를 것만 같다. 그 어떤 값비싼 그림보다 귀한 그림이다. 우울할 때도 그 그림을 보며 흐뭇한 미소를 짓곤 한다.

그래 우물에 내포된 의미로 아쉬운 마음을 달래보자고 마음을 다독였다. 노트를 펴고 볼펜을 들었다. 무엇부터 어떻게 써야할지 모르겠다. 눈을 감았지만 아무 생각도 떠오르지 않는다. 머릿속이 뒤죽박죽이다. 벌떡 일어나서 왔다 갔다 머리를 헝클다가 쓰다듬기도 하며 안절부절 못하는 시선이 책장에서 멈췄다. '우리는 사소한 것에 목숨을 건다'라는 책제목이 반짝거렸다. 책을 끌어안았다. 한때 베스트셀러였던 이 책이 나의 구겨진 하루를 다림질해 줄 것 같은 예감이 들었다. 사소한 일로 얽매이지 말라는 내용으로, 언젠가 한번 읽었던 책이다. 우리는 정말 일상생활에서 사소한 일에 신경을 곤두세우고 산다. 무심코 한 말에 의미부여를 해가며 따지고 든다든가, 작은 실수에도 큰일이나 난 것처럼 호들갑을 떤다든가 매사 과민 반응하며 사는 것이 사실이다.

읽을수록 새롭게 공감이 간다. 반성하며 자책하며 읽었다. 한참을 읽었더니 마음도 후련하고 몸도 가벼웠다.

잠시 책을 덮고 마음으로나마 보고 싶은 가을 산의 등산객들을 만나러 갔다. 대둔산 등성이를 오르는 그들의 감탄이 들린다. 이 가을, 마음도 단풍든 저들의 옷차림새도 울긋불긋하다. 나무들의 질감이나 단풍잎의 모양도 제각각 아름답듯이 이들도 다르지 않다. 낙엽인지 사람인지, 구분되지 않는다. 하나로 동화된 자연이다.

방향을 바꾸었다. 자모들이 커피숍 전망 좋은 위치에 앉아 수다 떤다. '여자 셋 모이면 선반 위에 접시가 엎치락뒤치락 한다.' 라는 말을 증명이라도 하듯이 시끌벅적하다. 실속 없이 사뭇 떠들어대는 친구, 코믹한 말로 폭소를 자아내는 친구, 모임의 막낸데도 얌전하게 앉아서 할 말만 또박또박하는 큰언니 같은 친구, 인내하고 수다를 다 들어주며 챙겨주는 어머니 같은 친구도 있다. 그들 역시 개성어린 단풍이요, 화려한 가을산이었다. 대자연이었다. 상상으로나마 동지들을 다 만났다. 마음이 편안해졌다.

사소한 것에 목숨을 걸지 말자라는 책이 배부르게 해준 덕분이다.

창밖의 너 -꿈에서

너는 누구냐
창밖에서 나를 보는 너는
네 사람들이 말하면 피식 웃었지
너와 나
다른 차원의 경계선에 있는 거니
더 멀리가야 사람들이 너를 볼 수 있는 거야

눈 감으면 벽을 뚫고 산등성이로 날아오르지
내려다보이는 우측은
화창한 호수 공원에 아이들이 놀고 있었고
어둑한 우측에선 사람들이 뒤엉켜 아우성이었어
계속 날아오르며 참나무 소나무 가지에 앉기도 했지
가지와 잎들이 푹신한 방석 같았지
누군가 툭 쳐
뚝 떨어져 눈뜨고 보았더니
우락부락한 사내가 내려다보고 있지 않겠어
뻥 차버리고 싶었지

너는 누구냐
아직도 창밖에서 나를 빤히 보고 있는 너를
나도 잘 몰라

23

제왕설산

이 겨울 끝자락 산행, 제왕산을 타기로 했다. 농협주부산악회는 매월 둘째 화요일 오전 6시 30분에 관광버스 타고 우리나라 곳곳에 있는 금수강산을 찾아간다. 강원도 강릉시 성산면과 왕산면 사이에 왕처럼 앉아있는 제왕산. 높이 841m. 태백산 줄기인 대관령 휴게소에서 제왕산성 넘어 대관령 박물관까지 3시간 정도 소요된다. 고려 말경, 공민왕 뒤를 이은 어린 우왕이 이성계 세력에 쫓겨 이곳에 성을 쌓고 지낸 유배지다. 지금도 축대돌, 기왓장 등 그 잔해가 여러 곳에서 발견된다.

우리 일행은 대관령 남쪽 휴게소에서 내렸다. 제왕산은 그 이름만큼이나 위엄있어 보였다. 등산화에 아이젠을 채웠다. 영동고속도로 준공 기념비를 끼고 돌아 오르면 '인풍비'가 있고, 몇 발짝 더 오르면 우측은 '능경봉' 이라는 화살표 푯말이 있다. 좌측은 묻지 않아도 제왕산성 가는 길이다. 그 능선을 탔다. 수북한 눈 위에 먼저 간 발자국을 딛고 걸었다. 조금만 어긋나면 허벅지까지 눈 수렁에 빠져서 동료들이 잡아줘야 겨우 나올 수 있다.

뽀득뽀득 눈 밟는 소리. 설산의 싱그러운 숨결이 상쾌하다. 한겨울 추위를 꿋꿋이 견디고 꽃샘추위도 아랑곳 하지 않고 탱글탱글 물오른 참나무 가지에 노란 실눈이 금방 터질 것 같다. 그렇게 봄맞이에 분주한 내리막 참나무숲을 지나 솔숲 능선 따라 오르면 기암괴석과 고사목 군락이다. 무엇 때문에 마저 태워 재가 되지 못하고 새까만 둥치만 쓸쓸이 남아 먼 산만 바라보고 있을까? 숙연함도 잠시. 눈 위에 짙게 드러난 고사목을 배경으로 사진 촬영을 했다. 호호하하 어린 시절 어머니가 쌓아둔 이불 솜 위에서 뒹구는 것 같았다. 봄 여름 가을 겨울 차림새는 달라도 변함없이 자애로운 어머니 같은 산, 그 품에 안기면 세속의 고달픔을 잊고 마냥 즐겁다.

드디어 제왕산성에 도착했다. 대관령에서 산성까지 1시간이 소요되었다. 유구한 역사를 담고 과묵하게 앉아있는 제왕설봉, 그 아래로 제왕의 품위를 닮은 시중인 듯, 백성인 듯 줄선 설봉들, 1만 봉은 넘을 듯하다. 곳곳에 빼어난 절경, 달리 표현할 말이 부족하여 그냥 가슴만 벅차오른다. 또한 기막힌 산 끝자락을 두르고 지형과 미묘한 균형을 이루고 있는 남대천, 강릉시가지가 한 눈에 들어온다.

그 속에 율곡이 태어난 생가가 있다고 한다. 동양 문화에 결정적 영향을 끼친 유학자이며 글씨와 그림에 능한 서화가인 이이 율곡 선생이 그곳에서 태어났다고 한다. 뜰 안에 죽헌 나무(대나무과)가 있어서 생가를 오죽헌이라고 부르고, 조선 초기 목조 건축으로 보물 165호 문화유산으로 보존, 보호하고 있다고 한다. 그 외에도 문화유산이 많은 강릉시가지가 남대천을 끼고 고고한 세월을 살고 있다.

전망을 내려다보며 서로의 견해를 공감한 뒤 눈 위에 엉거주춤 앉아서 위스키와 눈을 칵테일 해 마셨다. 그 기막힌 맛은 고사목, 하늘, 산, 기암괴벽, 눈이 배합되어 짜낸, 제왕이 마시는 성주 맛이다. 그리고 단체사진과 마을별 사진들을 촬영하고 하산길로 접어들었다.

산에 오르면 언제나 느끼는 기분이지만 오늘 내 몸에 뭉친 지방 1Kg을 떼어 낸 듯이 가볍다. 조금 내려오다 보면 헬기장이 보이고, 이동통신 중계탑도 보인다. 산 사이로 영동고속도로도 한토막 보인다. 몇 발짝 더 내려가 급경사진 곳에 이르렀다. 계단이 있음직한데 눈이 쌓여서 보이지 않고 발자국 언 빙판이 이어졌다. 갑자기 앞선 사람이 반 누워서 미끄러져 내려가며 환호성을 지른다. 나도 얼떨결에 미끄러졌다. 모두 따라 환호성이 이어졌다. 인솔자가 말렸지만 멈출 수가 없었다. 속도가 가중되므로 요샛말로 스릴 짱이었다. 그렇게 산 중턱까지 썰매타고 내려왔다. 그 후 조금만 경사져도 걷지 않고 주저앉아 미끄럼을 탔다. 다행이 다친 사람은 없었지만 우리가 닦아놓은 빙판 길을 오를 등산객이 걱정됐다.

일행은 옛길에 다다랐다. 옛 사람들이 그 길을 지나 재를 넘어서 한양에 다녔다고 한다. 여류 문인으로 부덕 높고 산수, 자수, 침공 등 다재다능한 신사임당도 한양에서 어머니를 뵈러올 때 이 길을 지나 재를 넘었다고 한다. 지금은 잡초가 우거져 흔적만 남아 전설처럼 전해진다. 옛사람들의 재래시장 같은 삶이 아득하게 상상된다.

우리는 드디어 대관령 박물관에 도착했다. 대관령 휴게소에서 제왕봉을 넘어 대관령 박물관까지는 7.6Km이고, 3시간이 소요된단다. 그런데 30분 빨리 도착했다. 눈썰매가 30분을 벌어준 셈이다. 시장한 터에 나눠먹으려고 넉넉히 싸온 도시락을 못 싸온 사람들과 같이 둘러앉아서 먹는 맛이 기막혔다. 유난히 붉고 고은 노을이 지는 해의 마지막 열정 같았다.

이번 산타기는 추억의 장식장에 눈썰매기록으로 길이 남을 것이다.

태안 앞바다 유조선 침몰파선

바다가 운다
유출기름 아가미로 들어가
시커먼 배를 움켜쥐고
파닥거리며 물고기를 토해내는 바다
소리없이 운다

어부가 운다
바다는 어부의 뒤주
하얀 배때기를 드러내고 죽어버린 물고기들
검은 파도가 밀어다 자갈 틈에 묻는다
등교하는 내 새끼들이 배고파 운다
바다가 뱉어낸 진창에 구르는 어부
소리내어 운다

해안으로 달려간
팔뚝 걷어붙인 여성 산악회
끈적끈적한 바다몸뚱이 닦아보지만
손바닥이 너무 작아
비늘만 하나씩 세고 있다

24

짝을 기다리는 곰돌이

먹고 남은 수박을 가리키며 눈으로 말한다.

"남은 수박 곰돌이 주지."

나도 눈으로 대답했다.

"알았어. 곰돌이 좋아하겠다."

무더울 땐 말도 덥다. 같이 살아온 세월이 얼만데 무슨 말이 필요하겠는가. 말보다 눈치로 표정을 읽어야 진실이 더 잘 보이는 것 같다.

요즘은 에어컨을 풀가동하고 부엌창문을 조금 열어놓았다. 살이 두꺼워 여름에 모피코트 입은 것처럼 둔하고 덥다. 살덩이를 훌러덩 벗어버리고 싶다. 그런 때는 맨바닥에 반듯이 누워서 손발 시렸던 추억 속으로 들어가면 조금 시원해진다. 어떤 때는 이열치열 벤치에 앉아 불볕 쬐다 집에 들어가면 꽤 시원하다.

살갗 타는데도 나는 먹다 남은 과일을 가지고 곰 사육장으로 간다. 곰돌이 목욕시켜주면 마냥 행복하기 때문이다. 곰돌이 사육장에 샤워장 설치해주자고 했다. 남편은 녀석이 시도 때도 없이 수도꼭지 틀고 샤워 할 텐데 그 수돗물 값을 어떻게 감당 할 거며 누가 지켜 서서 샤워기를 잠글 거냐고 했다. 맞는 말 같아서 아무 소리도 못했다. 왜 나는 늘 깊이 생각 못하고 불쑥불쑥 말하고 후회하는지 모를 일이다.

곰이 많을 때는 사육장 옆에 있는 텃밭엘 오가면서도 곰을 쳐다보지도 않았다. 그런데 남편이 일손 줄인다며, 귀염 떨며 사람을 잘 따르는 곰 두 마리만 남기고 다 팔았다. 얼마 전 텃밭에 갔다가 귀염 떤다는 남편 말이 생각나 곰 사육장엘 갔다. 곰이 혼자 철망에 기대고 앉아 있다. 그 모습이 쓸쓸해보였다. 한 마리는 어디 갔을까. 찾아보았으나 없었다. 누가 애완용으로 키운다고 해서 주었단다. 풀도 혼자 있으면 외로워서 시들거리는데 혼자 어떻게 살라고 그랬느냐며 당신도 혼자 살아보라고, 이때다 싶어서 묵은 화까지 토해냈다. 다시 한 마리 가져오겠다며 조금만 기다리라고 했다.

그때부터 혼자 남은 곰이 측은해 보여 곰돌이라고 불러주었다. 그리곤 남편은 남편대로, 나는 나대로 외로운 곰돌이에게 애정을 쏟았다.

오늘도 수박을 들고 곰돌이에게 갔다.

"곰돌아!"

더워서 누워 헐떡거리던 녀석이 기다렸다는 듯이 벌떡 일어나 소리 없이 만세 자세를 하고 한 바퀴 돌았다. 그리고 늘 그랬듯이 장 앞쪽 코너에 벽에 기대고 누워 샤워 해 주기를 기다리고 있다. 호스로 물을 뿌렸더니 하품하듯이 입을 딱 벌리고 하늘을 쳐다보며 화, 화, 화 몸속에 있는 열기를 품어 내는 듯 싶었다. 그렇게 곰돌이 샤워시키다 보면 더위를 잊는다. 마음이 시원하면 몸도 더위를 잊는 걸까? 이심전심이 아닌가.

샤워를 끝낸 곰돌이는 사료 한 입 물고, 다시 샤워하던 자리로 돌아와 샤워 할 때처럼 앉아서 상 차린 것처럼 배위에다 사료를 뱉어놓고 조금씩 입으로 주워 먹는다. 다 먹으면 일어나서 왔다 갔다 귀염떨며 간식 달라는 시늉을 한다. 그때 수박을 주면 입이 찢어지도록 웃으며 양손으로 번갈아 쥐고 걸음마하는 어린 아기처럼 다리를 짝 벌린 채로 기우뚱거리며 와작와작 씹어 먹는다.

귀여운 곰돌이, 어서 친구를 데려다 주어야겠다는 생각이 든다. 친구보다도 의좋은 짝이었으면 더욱 좋겠다.

한 이불 덮는 사이

눈빛이 화살보다 날카로운 당신
멀고도 가까운 사이지요

은 실크이불이 펴지네요
꽃피고 새 노래하는 호수
헤엄치노라면
당신은 나의 썩은 내장에서 쿠린내 난다며
상한 부분을 베어내더군요
서로 부딪혀도
수다에 발등 깨졌을 때
내 등짐에 깔려도
다 내 탓이라군요

그 상처
몇 개월, 혹은
일 년이 넘도록 앓을 때도 있지요

까만 실크이불이 펴지고 있네요
이제 빛살을 접고
서산마루 넘어 붉은 숲속으로 들어오세요

PART 5

하나씩 내려놓으며 산다

'그래 우물에 내포된 의미로 아쉬운 마음을 달래보자.'고 마음을 다독였다. 노트를 펴고 볼펜을 들었다. 무엇부터 어떻게 써야할지 모르겠다. 눈을 감았지만 아무 생각도 떠오르지 않는다. 머릿속이 뒤죽박죽이다. 벌떡 일어나서 왔다 갔다 머리를 헝클다가 쓰다듬기도 하며 안절부절 하는 시선이 책장에서 멈췄다.

25

풀들의 전쟁

막 뽑아 온 것 같은 인삼 뇌두를 자르고 썬다. 칼끝에 끈적끈적한 액이 묻어난다. 액은 동물로 치면 피가 아닌가. 그래선지 팔팔한 식물을 손질할 때마다 조금 미안하다는 생각이 든다. 뜯어낸 잔뿌리는 살짝 삶아서 새콤달콤하게 무치고, 몸통은 홍삼을 만들 참이다. 홍삼 먹을 일이 있으면 사먹고 말지, 아홉 번이나 쪄서 말려야 된다는 홍삼을 만들어 볼 생각은 없었다. 올해는 인삼풍년인지 추석에 인삼 선물이 좀 많다 싶을 정도로 들어왔기에…

대부분의 채소를 벨 때는 투명한 액이 나온다. 더덕 액은 뜨물 같고, 씀바귀 액은 노랗다. 붉은 액, 검은 액, 푸른 액이 나오는 희귀식물도 있다. 칠갑산에서 구해다 심은 잔대과인 참나물은 뜨물 같이 끈적끈적한 액이 흐른다. 봄이면 한 뿌리에서 두세개의 싹이 나온다. 맛이 향긋하고 부드러워 쌈도 싸고 삶아서 무치기도 한다. 시중의 참나물과는 다르다. 습진 텃밭에서 자라는 돌미나리는 푸른 액이 나온다. 베어다 삶아서 무치거나 김치도 담고, 인심도 쓴다. 무성할 때 베어다 숨만 죽을 정도로 삶아 주먹 크기로 냉동실에 넣어두고 겨울 내내 생즙을 내었다.

어느 해 봄이었다. 돌미나리 밭에 풀들만 왕왕거렸다. 그 풀이 돌미나리를 몰살시킨 것이다. 그 풀은 농약 없는 시절, 살얼음이 녹지 않은 봄밭에서 흔하게 볼 수 있는 풀이었다. 잎이 보드랍고 맛이 순해 할머니께서 뜯어다 국도 끓였다. 지금은 무농약 밭에서만 번식한다. 그 풀의 하얀 잔뿌리로 천 짜듯이 돌미나리군락을 쳐들어간 것이다. 얼마나 치열했기에 돌미나리 하나 살아남지 못하고 전멸했을까. 그 풀이 쳐들어가면 그 어떤 나물이나 풀도 살아남지 않을까. 또한 어떤 식물이든 걸리기만 하면 가시 돋친 잎과 줄기로 칭칭 감아 덮어서 질식시키거나 죽이는 천하무적같은 풀도 있다. 외래종인데 보기만 해도 몸이 따가운 그 풀을 나는 헐크풀이라고 한다.

텃밭 가장자리에 있는 토종소나무 한 그루를 헐크풀이 가지를 뻗으며 뒤덮어 질식해 죽였다. 그다지 큰 소나무는 아니었지만 마음이 아팠다. 코스모스 싹처럼 가녀린 헐크풀 싹이 자라서 소나무를 덮을 정도면 밑둥치 줄기가 지팡이만큼 굵다. 그때부터 나와 풀과의 전쟁이 시작되었다. 집 주변 텃밭만이라도 헐크풀과 돌미나리 전멸시킨 풀의 씨를 말리려고 눈에 띄는 대로 뽑아버렸다. 미처 뽑지 못한 헐크풀이 기승을 부리고 나무나 울타리를 덮으면 붉은 밑둥치를 싹둑 자르면 축 늘어진다. 그 풀들이 줄어들기는 했으나 조금만 방심하면 수북하게 올라온다. 도저히 이겨낼 수 없을 것 같다.

풀들도 우리네 삶과 비슷해서 종족을 퍼트리며 동족끼리 무리지어 적과 치열하게 싸워 땅을 빼앗는 등 영역 다툼도 만만치 않다. 시기, 질투, 왕따도 시키고, 텃세를 부리는 등 희로애락도 느끼며 산다. 딴 무리 군락에 혼자 끼어있으면 외로워서 시들거리다가 죽고 만다. 이를테면 적자생존의 원리가 아니던가.

봄볕이 따사로운 날, 산책하는데 산마 싹들이 눈에 띄었다. 재빨리 괭이를 가져다 캐기 시작했다. 마가 땅속 깊이 박혀서 아까운 싹들만 끊어놓았다. 캐기 쉬울 것 같은 비탈의 마를 캐기 시작했다. 그런데 수직으로 뻗던 싹이 휘어 옆으로 깊이 박혀서 그 마도 결국 캐지 못했다. 마 한 뿌리도 못 캐고 무겁기만 한 괭이를 들고 집으로 돌아오는 발걸음이 무겁지만은 않았다.

성큼 여름이 왔다. 처마 밑 화단에 굵은 마의 순이 모란을 타고 발코니로 올라 허공을 저어대기에 처마와 잇대어 줄을 매어 주었다. 줄을 잡고 쭉쭉 뻗어나가는 무성한 가지들과 잎이 베란다 창으로 들어오는 햇빛을 막는 것이 아닌가. 그래서 싹둑 잘라냈다. 보송했다. 스스로 지혈한 것일까. 뙤약볕인데도 달포가 넘도록 순이 마르지도 않았다. 제 몸의 수분배출을 스스로 억제한 것일까. 그래서 그토록 오래 견딜 수 있었던 것은 아니었을까. 똑똑한 것 같은 마의 끈질긴 생명력이 놀랍다.

누군가는 말했다.

"죽을 때까지 배워도 우주의 신비를 1만분에 1%도 모르고 죽을지도 몰라!" 라고.

그것도 나름이겠지만 그보다 더 많이 모를 것이라는 생각이 들었다.

손에 피를, 아니 액을 묻히며 뜯어먹는 식물도 몸속에서 또 다른 삶을 살 것이라고 생각하면서 찜통에 인삼을 넣고 찐다.

허공의 발자국

보도블록에 발자국 쌓고
계단 올라가 9호선 전동차 탔다
의자에 앉았다
엉덩이와 의자사이
사람들이 앉고 떠난 흔적의 계단이 출렁한다

흔들리는 전동차 손잡이에 매달린 사람들
불안한 듯 시간을 재며 간다
뒤돌아보거나 창밖을 내다보는 사람도 있다
중심을 잘 잡아야 한다
자칫 매달리거나 떨어질 수도 있으니까

플랫폼은 전철 타는 사람은 출발점이고
내리는 사람은 종착역이다
종착역은
아직 내 발자국이 찍히지 않은
마지막 계단 허공이다

26

한라산 타기

한라산을 등반하기로 했다. 농협 주부산악회는 매월 둘째 주 화요일에 한반도 어떤 산이든 무박으로 갔다 온다. 이번엔 제주도인지라 일정을 최소한으로 잡아 1박2일로 정했다.

우리는 월요일 오전 6시에 출발해 7시쯤 인천공항에 도착했다. 안개 때문에 자그마치 5시간이나 연착이란다. 일행은 우왕좌왕하다 영종도바다에 마음을 펼쳐놓고 거닐다 이륙했다.

제주도 하면 큰 오빠생각이 난다. 북한의 침략으로 한라산까지 후퇴했으나 거기서 그만 전사했단다. 군인들이 하얀 유골함을 들고 부엌문앞에 나란히 서 있었고, 어머니는 부엌바닥을 치며 절규하셨다. 초·중학교에서 우등생이었던 오빠. 면. 군이 동원되어 모교에서 장례식을 했단다. 어머니는 일하시다가도 짬만 나면 가슴에 품고 있던 아들사진을 꺼내어 들여다보며 우셨다. 자식을 가슴에 묻은 채 고인이 되신 어머니, 아직도 나의 아픈 상처로 남아 있다.

어느 사이 제주공항에 도착했다. 돌하루방이 눈에 띄었다. 곰보의 얼굴에 테 모자를 쓰고 자루병같은 코에 두툼한 입술을 꼭 다문 채 양손을 배에 모으고 우리를 맞아주었다. 일정 지연으로 공항 남쪽에 있는 어리목에서 나지막한 어승마(나라에 바치는 말을 키웠다는 곳)오름을 탔다. 50년만의 폭설 때문에 먼저 간 발자국을 딛고 조심스럽게 정상까지 올라갔다.

다음 날 일행은 관광 팀, 등산 팀으로 나뉘었다. 어승마 오름도 꼴찌로 오른 내가 한라산 등산은 엄두도 못 낼 일이었지만 성묘하러가는 심정으로 등산 팀에 합류했다. 50명중 14명이 성판악 휴게소에서 오전 6시에 출발했다. 1시간 정도 동행할 수 있었는데 더 이상 따라잡을 수가 없었다. 일행은 날보고 무리하지 말고 그냥 내려가라고 했다. 나는 알았다며 올라가고 있었다. 그때부터 나의 고독한 산행이 시작되었다.

진달래 대피소까지 무려 4시간이나 걸렸다. 왕복 8시간 걸린다는 한라산 정상. 서둘러야 했는데 빙판길인지라 몸만 앞서고 발이 잘 떨어지지 않았다. 나무계단을 기어서 드디어 정상에 도착했다. 40대 쯤 보이는 산지기와 나뿐이었다. 서둘러 관음사 쪽으로 내려가야 했는데 복지과장이 핸드폰으로 그 코스는 혼자 내려갈 수 없다며 제주 사는 인솔자 친구를 성판악으로 보낼 테니 되짚어 내려오라고 했다. 다행이었다.

눈송이처럼 언제 녹아버릴지도 모르는 한 점 나, 한계에 도전한 것인가, 고집인가, 집념인가. 아니, 이대로 괜찮은가. 20여 년 전 이곳에 왔을 때는 고산 식물들이 파릇파릇했고, 백록담 푸른 물이 찰랑

거릴 때였다. 지금은 폭 꺼진 구덩이에 눈만 쌓여있다.

산지기가 철수할 시간이라며 빨리 내려가라고 나를 내몰며 저만 재빠르게 내려갔다. 같이 가자고 할 걸 후회하면서 두려움에 쫓기어 허겁지겁 내려오는데 산지기가 등걸에 걸터앉아 있는 것이 아닌가. '같이 가자고 해야지.'라고 말하기도 전에 그는 조심해서 내려오라며 휙 달아나 버렸다. 내가 걱정 되어 기다리다가 확인하고 간 모양이다. 그래도 그가 앞에 가고 있어서 다행스러웠다.

지는 태양에 매달려 썰매 타듯이 반 누워 미끄러지고, 뛰고, 구르며 내려오는데 눈 뿌리는 짓궂은 바람, 토종 까마귀의 음산한 울음소리, 받치고 있는 눈이 무거워서 휘어져 거꾸로 뻗은 검푸른 향나무 가지들, 전투하느라 숨져간 영령들이 무덤에서 뛰쳐나올 것만 같은 으스스한 산속이다. "오라버니 지켜주세요. 여보 잘 할게. 친구야, 다시는 미워하지 않을게. 모두 다 어데 있니?" 그래도 다행히 복지과장의 핸드폰 소리가 적막을 깨고 어디쯤이냐고 간간이 들려왔다. 가도 가도 끝이 보이지 않는 빙판길 지칠 대로 지쳐 눈 위에 주저앉았다. 일어설 수가 없었다.

아침식사 이른 탓에 몇 술 뜨다 말았고, 도시락도 앞서가는 친구가 가져갔다. 이 음산한 산속에서 엉덩이는 차가워오는데 일어설 기력이 없으니.

"어쩜 좋아! 아!"

누군가 초콜릿하나 오이 두개를 배낭에 넣어준 것이 생각났다. 그것을 먹고 걸을 수 있었다. 성판악 휴게소가 보여서 반가웠다. 가까이가자 흰 눈 바탕에 등산로 표시로 매어놓은 붉은 헝겊과 초록색 나뭇잎이 어우러져 휴게소로 보였다. 도깨비에 홀린 듯이 그런 풍경에 속고 또 속았다. 땅에 붙은 고목 등걸이 꼭 도깨비 뿔 같은데도 이젠 무섭지도 않고, 이 순간이 빨리 지나갔으면 하는 생각뿐이었다.

"부처님, 하느님, 시부모 모시고 남편 뒷바라지하느라고 고생했단 말을 방패처럼 내세웠는데 이젠 안 그럴게요."

5시쯤 진짜 성판악이 보였다. 그래도 하산 길은 발 빠른 사람보다 더 빨리 내려와서 일행보다 1시간정도 늦었다. 고생은 했지만 오라버니 성묘하고 온 기분이다. 제주시장에 은갈치와 선물 사러간 일행보다 먼저 부두에 도착했다. 은갈치는 못 샀지만 출항시간 늦지 않은 것만도 천만다행이었다. 민폐 끼친 동지들에게 미안해 귤 한 박스 사서 나누어 먹고 배에 탔다.

휴대용 집

이 한 몸 허리 펼
갸름한 집
계단 지퍼 열면
부채처럼 동그랗게 포장이 펴지는 방석
앉아 책을 펼까
차를 마실까
방석열고 누우면
이불이 포근하다

집을 접어 트렁크에 싣고
어디로 갈까
땅끝까지 열린 길을 가다
친절한 나무끝에 주차
의자에 펼까
푹신한 흙에 펴고
풀벌레와 이웃할까

27

하나씩 내려놓으며 산다

늘 내 안의 등짐이 힘겨웠다. 그래선지 꿈에선 종종 날아다니기도 했다. 깨어나면 또 다시 끙끙거렸다. 그러던 날, 수필 강의를 들었다. '수필은 곧 나'라는 주제였다. 훌륭한 강의였다. 내 안에 끙끙거리는 나를 대명천지에 내어 놓으면 그 무거운 짐이 좀 가벼워지지 않을까.

어느 해 체중이 5kg 늘면서 당뇨합병증이 심해지는 것도 몰랐다. 가로등이 뿌옇게 보이고, 치아가 모두 흔들리고, 다리에 쥐나면 피멍을 남기고 풀어지는 횟수가 잦았다. 내분비내과 검사결과 콜레스테롤은 중풍 직전이라며 육류는 먹지 말라고 했다. 살코기에도 지방이 끼어 있으니 정 먹고 싶으면 한두 점만 먹으라고 했다. 안과에선 수술하는 방법밖에 없으나 수술이 잘 될지는 모르겠다고 했다. '기차는 이미 출발 했습니다. 당 수치는 정상으로 떨어져도 합병증은 진행됩니다.' 라고 하는 의사. 방망이로 머리 한대 얻어맞은 것처럼 별이 보이고 천 길 낭떠러지 난간에 매달려 있는 느낌이 들었다.

그 상황에 수술한들 얼마나 좋아지겠는가. 소중한 모든 것을 두고 삶을 포기 할 순 없었다. 내 의지로 할 수 있는 운동, 식이요법 등 최선을 다해 보기로 했다. 끼니마다 평소에 먹고 싶었던 것을 후식으로 조금 먹은 후 무공해 생야채와 호박나물 가지나물 등으로 위장을 어느 정도 채우고 공기 밥 사분의 일만 먹었다. 발등에 불 떨어졌기 때문일까. 고기 먹고 싶은 생각은 전혀 없었다. 그 대신 하루에 보약 한 봉을 먹었다. 아침에 일어나 오이든 사과든 먹은 후 물 한 컵에 감식초 조금 타서 마셨다. 돌미나리생즙은 무성 할 때 베어다 살짝 데쳐 한주먹씩 냉동실에 넣어두고 겨울에도 즙을 내어 한 컵씩 마셨다. '허구한 날 그렇게 먹고 어떻게 살아.'라고 할 수 있겠지만 2,3주 만 견디면 익숙해지며 성과가 보인다. 점점 눈도 밝아졌고. 치아도 제자리를 잡아갔다. 시도한지 9개월 만에 의사는 벌떡 일어서며 "모두 정상인데요, 아주 건강합니다. 어떻게 관리 했습니까?" 라고 하는 것이 아닌가. 당 수치만 정상인 줄 알았는데 불치라는 합병증까지 정상이 될 줄이야. 놀라는 의사 앞에서 터진 것 같은 눈물샘을 막을 수가 없었다.

수화기 속에서 흘러나오는 가족들의 음성도 목 메여선지 간간히 끊겼다. 그 동안 끼니마다 내 위주로 식사해야만 했고, 외식 한번 맘 편히 못하고 우왕좌왕 찾아다니며 먹어야 했던 나날들, 투병한 지 20여년 만에 다시 태어난 것이다. 건강한 나로···

미루었던 수필을 다시 쓰기 시작했다.

내 안의 나를 풀다가 끊기어서 뒤바뀌어도, 못나온 조각들의 빈자리가 휑하여도 눈을 감고 대명천지에 내어 놓았다. 벗은 채로 산만

한 모습이 낯 뜨거웠지만 교수님은 대견하게 여겼다. 오늘은 어정어정 걷지만 나중엔 뛸 수도 있고, 푸른 하늘을 날 수도 있다고 힘을 주었다.

하루는 교수님께서 동서문학에 응모해 보라고 했다. 마감도 얼마 남지 않았지만 어차피 자신감을 주려는 의도지 싶어 응모했다. 어느 날 날아온 상패는 온 가족을 흥분시키는 불꽃이 되었다. 냉가슴에 군불 지핀 것이나 다름없었다. 아직은 무거운 발짝으로 추억으로 미래로 상상 속으로 가는 길에서 헤매고 있지만 언젠가는 자유롭게 드나들 수 있지 않을까.

하나씩 내려 놓다보면…

김장배추 가꾸기

척박한 밭의 배추
벌레먹어
모기장 같다

퇴비주고 흙을 북돋아 주었더니
벌레 꾀어도
이기고
한 아름 포기배추 되었다

척박한 환경에서 태어난
허약한 사람도
영양분 밑거름 주고
운동하면
건강미 풍긴다

28

함마차

'아픈 내 다리야! 무리하게 고생시키면서도 고생한단 말 한 마디 못하고 그런 생각조차도 못했어. 미안해! 이제부터라도 아끼고 사랑할게!'

내가 말하고 그 말을 들으니 다리가 너무 측은했다. 이미 무릎관절통증이 심각한 다리다.

산자락에 사는데도 신선한 산이 그립다. 산에 가는 남편 따라 나섰다. 남편은 정상타고 나는 등산 진입로 들어가기 전 공원 벤치에 앉았다. 풍광명미를 감상하며 산타고 내려오는 남편을 기다리는 시간이 살랑살랑 흐른다.

공원길에 배낭을 멘 건장한 신사할아버지께서 몸을 구부리고 왜소한 할머니를 감싸고 걷는 모습이 거북해 보였다. 몸이 불편한 마나님 바람 쐬어 주려고 산책 나온 모양이다. 할머니는 아픈 몸으로 쓰러질까 봐 조바심하며 남편 몸에 매달려 풍광도 감상하고 길도 들여다 봐야하니 얼마나 불편하고 힘들까 싶다. 그럼에도 오순도순 이야기도 나눈다.

두 분이 벤치에 나란히 앉더니 신사할아버지가 배낭에서 물을 꺼내 할머니 먹인 후 수건인지 티슈인지로 입을 닦아준다. 아직도 예쁘다는 듯이 할멈 얼굴 볼을 두 손바닥으로 모으며 쳐다보더니 숱도 적은 머릿결을 쓰다듬어 세워준다. 그리고 할머니 다리를 주물러 주는 듯 싶었다. 간간이 웃음소리도 들렸다. 머지않은 곳에 앉아 있는 나를 한두 번 힐끗 쳐다보는 듯 했는데도 상관하지 않았다. 그 모습이 자연스러워 좋았다.

시할머니 생각이 난다. 종가 시집살이 시절 의지가 되어 주셨던 할머니, 떠돌이 침쟁이에게 침을 잘 못 맞아 30년을 문밖출입도 못하시고 불편하게 방에만 계시다 돌아가셨다. 할머니 모시고 산책 한번 못시켜 드린 것이 두고두고 후회스러웠다. 그때는 휠체어를 생각도 못했고 생각했더라도 비싸서 엄두도 못냈을 것이다.

그래선지 애엄마가 아기태운 유모차 밀고 다니는 것을 보면 할머니 생각이 났다. 바람만 불어도 날아갈 것 같은 우리 할머니도 유모차에 태우고 산책해 드렸더라면 얼마나 좋아했을까. 그럴 수 있다면 유모차가 아닌 호칭이 필요하다. 모자(母子)차, 노자(老子)차, 부모차, 함마차, 그 중에서 그냥 함마차라고 해두자. 그 함마차에 할머니를 태울 수 있었더라면 할머니 모시고 산책을 얼마나 했을까하는 생각을 했다.

신사할아버지도 할머니를 함마차에 태우고 산책한다면 힘도 덜 들이고 여유롭게 푸른 숲 공원길을 감상하며 산책하지 않을까. 할머니께서도 안전해서 편하지 않겠는가. 신사할아버지 사랑받는 고우신 할머니, 한 폭의 아름다운 그림 같을 거라는 상상을 해본다.

저만치 남편이 산에서 내려오고 있다. 아픈 다리를 만지며 남편을 향해 손을 흔들며 상상을 한다. 언젠가는 남편도 신사할아버지처럼 배낭을 메고 나를 부축해 줄 것이라고. 때로는 함마차에 태우고 산책길에 나서 줄 거라고.

덕포진 산책하다

발자국마다
그칠 줄 모르는 여인네의 수다
크지 못하는 경제에 덜그럭거리는 살림살이랑
살짝 여민 샘도
조롱조롱 매달려있다

용의 등줄 같은 둑길
바다와 육지를 겨드랑이에 끼고 가노라면
막힌 듯 열린 여울목
둑엔
손돌사공 묘가 있다

(고종 배에 태우고 막힌 곳으로 유인 한다는 오해로 처형당하면
서도 바가지 띄워 물길 열어준 손돌사공)

촉촉한 여인네들 눈
물길타고 떠내려가는 바가지 여울목
바라보고 있다

29

물처럼 하늘처럼

공작산 골짜기 계곡 타고 흐르는 물, 서로 어우러져 수다 떨며 엎어졌다 뒤집어졌다 바윗돌과 하얗게 부딪히며 굴러 갑작스럽게 바위 난간을 만나면 토막토막 작은 폭포로 떨어져 내린다. 하얗게 부서져 솟구쳤다가 떨어지기를 반복하는 층층의 폭포가 대각선으로 쏟아지는 한줄기 폭포가 된다. 그렇게 쏟아지는 폭포수는 몇 구비 휘돌아 유속을 줄여 잔잔한 물웅덩이를 만들기도 한다.

나는 양말을 벗고 바지를 접어 올리고 첨벙첨벙 그 물 속으로 들어갔다. 엄청 시원하다. 발에 밟힌 물방울들이 영역을 침범한 바지부리를 잡고 늘어진다. 무겁고 칙칙하다. 조금은 미안하지만 사는 것이 다 그렇지 않던가.

이럴 때면 보글보글 솟아오르던 어린 시절이 떠오른다. 칠갑산 골짜기 햇살 머무는 계곡물에 발장구치면 눈 튀어나온 가재가 뒷걸음질 치며 집게발을 번쩍 들고는 덤벼보라고 한다. 내 손이 가까이 가면 집게발을 더욱 높이 들어서 뒤집어질 것 같이 버티며 뒷걸음질 쳤다. 붕어란 놈은 가재보다 겁이 없다. 꼬리를 살랑거리며 일렁이는 물살을 헤치고 발뒤꿈치를 쪼아댄다. 간지러워서 발을 들었다 놨다 해도 도망칠 줄도 몰랐다.

공작산엔 물이 이렇게 맑은데도 가재와 붕어는 없다. 모두 어디로 갔을까? 사람을 피해 숨었을까? 예전엔 숨을 줄도 모르는 순진한 가재와 붕어가 요즘엔 약아져서 어쩌다 만나면 줄행랑 치느라고 바쁘다.

물에 발 담그고 가재와 붕어를 찾았지만 깊숙이 숨었는지 보이지 않는다. 물 흐르다가 쉬는 물웅덩이에 아기 주먹만 한 호두 몇 개가 동동 떠있다. 호두 인 줄 알았더니 호두를 닮은 가래란다. 손아귀 힘 세라고 쥐고 굴리기도 하고 그 모서리는 수지침 대용으로도 쓰인단다. 인적 없는 계곡에 있으니 산이 주인이 아닐까? 가령 주인이 따로 있다손 치더라도 나무에서 떨어져 굴러다니는 것 몇 개 줍는걸 뭐, 양심 찔릴 필요는 없다. 가래를 보물처럼 주워서 껍데기를 벗기고 하얗게 갈고 닦아 호주머니에 넣었다. 그것은 나의 작은 희망이었다.

물 한 웅큼 떠서 들여다보았다. 너무나 투명해서 피부에 땀구멍이 굴뚝처럼 보인다. 이 물이 오랫동안 씻지 못한 내 마음의 때를 깨끗이 씻어 줄 것 같다. 푸르고 투명한 물웅덩이 속의 파란 하늘이 유난히 맑다. 하늘이 물이고 물이 하늘이다. 나도 물처럼 하늘처럼 파래지고 싶다.

30

채전회 菜田會

채마밭매기가 끝났다. 혼자 매면 별보고 나와서 해질 때까지 매야 다 매는데 여자 5명이 매니까 세 시간 쯤 걸렸다. 이렇게 풀씨를 잡다보면 풀이 점점 덜 난다. 김매기 소요시간도 줄어든다. 그리고 가까운 곳에 있는 온천에서 샤워를 했다. 땀 흘리며 일해서 그런지 몸이 한결 가볍고 개운했다. 작은 소망이라도 하나 이룬 듯.

"호호 하하" 마당에 차려진 삼겹살이 수다는 디저트 같았다.

꽃피는 봄이었다. 천 평이 넘는 밭에 풀꽃도 피었다. 농사가 주업인 사람들은 그 정도 밭이면 농기구로 갈고 수입이 될 수 있는 고추나 콩을 심는다. 우리는 축산업을 하는 터라 좋아하는 여러해살이 나물을 많이 심고, 유실수와 꽃나무를 심다보니 기계로 갈 수도 없고 날것으로 먹는 나물 때문에 풀죽는 농약도 칠 수 없어 호미로 밭을 매야 한다.

나는 풀꽃을 잡으려고 인력회사에서 한 사람을 불러 이틀 동안 같이 풀매고는 감기몸살이 났다. 이전에 집 안팎 대청소한 피로도 겹쳐져선지 며칠을 끙끙 앓았다. 젊어서는 한 번 잘 먹고 쉬고 나면 나았다. 나이 들어 갈수록 몸이 약해지는지, 그냥 낫지 않고 병원에 가서 주사도 맞고 약도 먹어야 낫는다. 이번엔 병원엘 며칠 동안 다녀도 차도가 없다. 좀 나은가 싶어서 장 담그면 또 앓았고, 오이부추김치 담그고 앓았고, 모임 갔다 와서 앓았다. 한 달이 넘도록 반복되었다.

그런데 또 밭에 풀이 무성했다. 봄부터 가을까지 풀꽃이 서너번 피는데 그 풀꽃을 잡지 못하면 풀밭이 되어버린다. 밭 맬 사람을 부르라고 했더니 남편은 또 밭을 매지 말라고 했다. 우리가 먹으면 얼마나 먹느냐며.

수년 전이다. 남편이 풀을 못 매게 해서 풀을 뽑지 않았더니 씨가 떨어져 풀밭이 되었다. 어렵게 구해다 공들여 심은 여러해살이 나물들, 시중에도 흔치 않은 맛이 향긋해서 쌈이나 겉절이도 하고 삶아 무치기도 하는 모시나물, 돌미나리, 더덕, 도라지, 가죽나물, 곤드레, 곰취, 머위, 산취, 두릅, 고들빼기 등 다 열거 할 수 없을 정도로 많은 나물들과 약초가 풀 속에서 죽어갈 뿐더러 보기도 흉해서 다시 풀을 뽑기 시작했다. 멸종위기에서 구해냈으나 수북하게 나는 풀을 감당하기 어렵다. 풀밭이 되기 전에는 풀씨 잡아서 풀이 듬성듬성 나기 때문에 혼자 매도 한나절이면 다 맸다.

또 다시 풀밭으로 놔 둘 순 없다. 고민하다가 손수 무공해 채전하고 싶어하는 여성들과 풀매기 친목모임이라도 하면 어떨까. 봄 부터 가을까지 풀꽃 맺을 때 만나 풀 뽑고, 가족을 위해 나물도 고루 뜯어 먹는 재미가 쏠쏠할 것 같았다. 채전회는 그렇게 만들어진 김매기 모임이다.

무공해 야채는 냉장고에 2,3주 두어도 싱싱하다. 삶아서 냉동실에 두고 먹어도 괜찮다. 구하기 힘들다는 줄기가 빨간 돌미나리는 살짝 데쳐 한 주먹씩 냉동실에 넣어두고 겨울에 무치기도 하고 사과나 배를 넣고 갈아 마셔도 된다. 다섯집에서 일 년 내내 먹을 수 있는 돌미나리가 밭에서 자란다. 계획대로 일손이 는다면 집 앞 죽은 잔디밭에도 청도라지, 백도라지를 심을 참이다. 도라지꽃이 흐드러지게 피면 장관일 것 같다. 그 귀한 나물들을 어찌 포기 하겠는가.

K모임 친구에게 이러한 모임을 추진하겠다고 했더니 풀 한포기 뽑아본 적 없는 친구들도 하고 싶다며 참석하겠다고 했다. 다른 모임엔 말하지 못했다. 너무 많아도 걱정이 아닌가. 도시 사람들은 손수 지은 무공해 야채를 먹을 수 있다는 호기심이 앞서는 것 같다.

친구들은 밥해 놓고 같이 차려 먹자는 건데 못 할 것이 뭐냐며 여자들 모임이 대부분 만나서 밥 먹고 수다만 떨다 헤어지는데, 만나서 반갑고 1년 내내 나물 반찬 걱정하지 않아 좋다고 했다. 농사가 얼마나 힘든데 멋모르고 그러는 게지, 언제까지 할지는 두고 봐야 할 일이다.

귀뜸받은 친구 4명이 찾아왔다. 그리곤 부추밭에 수북한 풀을 다 뽑고는 실같이 가는 부추를 베어냈다. 그리고 씨앗이 떨어져 수북하게 난 곤드레 나물도 솎아서 빈 공간에 심었다. 난 손님이 와서 같이 하지 못했다. 더불어 하는 고마움을 다시 한 번 느꼈다.

채전회 덕분에 텃밭에 공들여 심은 나물들을 풀들로부터 지켜줄 수 있을 것 같다.

발문

꺾여진 싱앗대 허리에서 흐르는
한방울의 진액(津液)을 통해
눈물 같은 삶을 관조하는 생명애

오창익(문학박사 · 창작수필 발행인)

시인이자 수필문학가인 채미자 님은 산이나 바다, 논이나 밭 등 자연에서 글의 소재를 얻고, 또한 풀이나 나무, 곰이나 사슴들과의 대화에서 주제를, 즉 의식의 형상화나 정조(情調)의 구체화를 도모한다. 해서 그의 시(時)에선 소재에의 동화(同化)나 자기화가 자연스럽고, 그의 수필(隨筆)에선 늘 관조나 의미화가 돋보인다.

때문에, 그의 시에는 풀 냄새 송진 냄새 같은 원초적인 고독과 그리움이 있고, 그의 수필에는 한낱 곤충이나 짐승일지라도 배아파 낳은 자기 핏줄처럼 보듬는 따뜻한 정애(情愛)가 있다. 또한 꺾여진 싱앗대 허리에서 흐르는 한방울의 진액(津液)을 통해 눈물 같은 삶을 관조하는 생명애도 묻어난다. 이게 곧 '채미자 문학'의 성격이자 본질이다.

예컨대 남편과의 불화로 뛰쳐나가 바닷가로 가서는 암벽을 들이받는 파도 같은 시를 썼지만, 고작 하룻밤을 지내고는 빈 집에 홀로 남아있는 남편의 끼니가 걱정이 되어 서둘러 되돌아오는 그다. 돌아와서는 밥을 지으며 식탁에 앉아 용서하고 화해하는 수필을 쓴다.

그래서 그의 시는 뜨거운가 하면 차갑고, 그의 수필은 차거운가 하면 뜨겁다. 그 온·냉의 고른 조화. 그 조화를 위한 '고뇌와 집념' 그리고 그에 기울이는 '최상과 최선'이 그의 문학이고, 또한 문학세계다.

하나씩 내려 놓으며 산다

초판 발행일 | 2013년 11월 15일

지은이 | 채미자

펴낸이 | 김미희
펴낸곳 | 몽트
주소 | 경기도 수원시 권선구 당수동 234. 102호
전화 | 031-501-2322 / 010-7270-6976
팩스 | 031-501-2321
이메일 | memento33@hanmail.net
출판등록 | 2012.12.18 제251-2012-65호

ISBN 978-89-6989-005-4
-책값 12,000원
-파본은 본사와 구입한 곳에서 교환해 드립니다.